재미있다!
한국사

교과서 핵심을 담은 한국사 현장 수업
재미있다! 한국사 6

2015년 10월 30일 초판 1쇄 발행
2025년 8월 18일 초판 13쇄 발행

글	구완회
그림	심차섭

펴낸이	염종선
책임편집	정편집실 천지현
디자인	이재희
조판	신혜원
펴낸곳	(주)창비
등록	1986. 8. 5. 제85호
제조국	대한민국
주소	10881 경기도 파주시 회동길 184
전화	031-955-3333
팩스	031-955-3399(영업) 031-955-3400(편집)
홈페이지	www.changbikids.com
전자우편	dongmu@changbi.com

ⓒ 구완회, 심차섭 2015
ISBN 978-89-364-4664-2 74910
ISBN 978-89-364-4960-5 (전6권)

* 이 책 내용의 일부 또는 전부를 재사용하려면 반드시 저작권자와 창비 양측의 동의를 얻어야 합니다.
* 책값은 뒤표지에 표시되어 있습니다. * KC마크는 이 제품이 공통안전기준에 적합하였음을 의미합니다.
* 사용 연령: 5세 이상 * 종이에 베이거나 긁히지 않도록 주의하세요.

재미있다! 한국사 6

구완회 글 • 심차섭 그림 • 정용욱 감수

창비

머리말

현장에서 배우는 우리 역사

"역사란 무엇일까요?"

여러분 또래의 친구들에게 역사에 대해 강연할 때 단골로 하는 질문입니다. 뜻밖의 질문에 당황한 탓인지 대개는 서로 눈치 보기 바쁘지요. 그러다 한 아이가 손을 번쩍 들고 대답합니다.

"옛날에 일어났던 일요."

"옳지. 그런데 옛날에 일어났던 일이 모두 역사일까?"

"음, 그중에서도 중요한 일요!"

"오, 그래! 그런데 뭐가 중요한 일이고 뭐가 안 중요한 일이지?"

"……."

보통 이쯤 되면 말문이 막히고 맙니다. 그러면 제가 대답하지요.

"역사적으로 중요한 일이란 사람들의 삶에 영향을 끼치고 시대 흐름을 바꾼 사건들을 말해. 단군이 고조선을 세운 뒤부터 사람들은 한반도에서 나라를 이루어 살게 되었어. 철로 농기구를 만들면서 곡식을 많이 거두게 되어 사람들의 생활이 풍요로워졌지. 또 고려 때 무신의 난이 일어나자 전국에서 농민과 노비가 잇따라 난을 일으켰고. 조선이라는 나라가 세워지고 유교를 국교로 삼자 사람들의 일상생활도 차츰 변했단다. 그런가 하면 6·25 전쟁은 오늘날 남과 북이 갈라지는 데 결정적인 영향을 끼쳤고 말이야. 이렇게 사람들의 삶과 시대의 흐름을 바꾼 사건들이 모여서 역사를 이루는 거란다."

그리고 두 번째 질문을 합니다.

"우리는 왜 역사를 배워야 할까?"

"시험을 봐야 하니까요!"

순간 "와!" 하는 함성과 함께 웃음이 터져 나옵니다.

"이런, 시험을 보기 위해 역사를 배우는 게 아니야. 역사가 중요하기 때문에 학교에서 역사를 배우고 시험까지 보는 것이지. 방금 전에 시대 흐름을 바꾼 사건들이 모여 역사를 이룬다고 했지? 그러니까 역사를 알아야 지금 우리가 사는 세상이 왜 이런 모습이고, 앞으로 어떻게 변해 나갈지 알 수 있는 거야. 좀 더 나아가 생각해 보면 우리가 원하는 세상을 만들기 위해 무엇을 해야 하는지도 알 수 있을 테고."

고개를 끄덕이는 아이들이 생깁니다.

"그럼 역사를 어떻게 공부하는 것이 좋을까? 여기에는 여러 가지 방법이 있어. 그중에서도 역사 현장을 찾아가 유물과 유적을 직접 보는 방법을 추천하고 싶단다. 교실에서 배우는 것과는 비교할 수 없이 생생한 역사를 몸소 느낄 수 있거든. 현장에서 만나는 역사는 글로만 배우는 것보다 더더욱 실감 나고 머릿속에 오래오래 남는단다."

그러고 나서 역사 현장과 유물, 유적 사진을 같이 보면서 강연을 이어 갑니다.

자, 그럼 지금부터 여러분도 저와 함께 역사 현장으로 떠나 볼까요?

2015년 3월
구완회

차 례

머리말 _ 현장에서 배우는 우리 역사 • 4
등장인물 • 11

1부 해방에서 분단으로

 **한눈에 보는 해방 이후 우리 역사** _ 대한민국역사박물관

해방의 기쁨, 전쟁의 아픔 • 18
전쟁을 극복하고 민주주의를 지키다 • 21
시발 자동차, 전쟁의 폐허를 달리다 • 23
한강의 기적을 만든 사람들 • 25

대한민국 근현대사를 만나다, 대한민국역사박물관 • 28

2교시 해방보다 먼저 그어진 38도선 _ 임진각국민관광지

해방된 새 나라는 우리 손으로 • 35
우리 뜻과 상관없이 그어진 38도선 • 39
미국과 소련이 들어오니 남북이 갈리다 • 41
혼란스러운 나라, 희망에 찬 사람들 • 43

분단의 상징, 평화의 상징! 임진각국민관광지 • 46

3교시 아! 대한민국의 탄생 _ 경교장, 덕수궁

신탁 통치를 둘러싼 오해와 대립 • 51
임시 정부 수립은 너무 어려워! 미·소 공동 위원회 • 53
38도선을 베고 죽어도 분단은 안 돼! • 57
남북한 따로따로 정부의 탄생 • 60
친일파 청산? 누구 맘대로! • 64

가상 토론! 반탁이냐, 찬탁이냐? • 68
지금도 남아 있는 그날의 흔적, 경교장 • 70

2부 전쟁을 딛고 일어서다

4교시 한반도를 뒤덮은 전쟁의 불길 _ 거제도 포로수용소 유적공원

전쟁의 시작, 비극의 시작 • 77
성공 확률 5,000분의 1, 인천 상륙 작전 • 81
중국군의 참전, 또 한 번의 역전 • 82
거제도 포로수용소는 또 하나의 전쟁터 • 86

평화의 소중함을 깨닫다, 거제도 포로수용소 유적공원 • 92

5교시 고달파라, 모진 전쟁살이! _ 부산 40계단 문화관광테마거리

폭격은 남녀노소를 가리지 않는다 • 97
오늘은 국군, 내일은 북한군 • 101
천막 학교로, 학도 의용군으로 • 102
전쟁이 남긴 상처들 • 104

38도선이 마을을 가르고, 전쟁이 남편을 앗아 갔습니다 • 108
피란민의 흔적을 따라 걷다! 부산 중구 일대 • 110

6교시 못 살겠다, 갈아 보자! 4·19 혁명 _ 국립 4·19 민주 묘지

돈 쓰고 주먹 쓰고, 3·15 부정 선거 • 115
마산에서 서울까지 혁명의 불길이 타오르다 • 119
4·19 혁명 정신을 이어받은 대한민국 • 123
민주주의를 거꾸로 돌린 5·16 군사 정변 • 125
민주주의를 위해 희생한 분들이 잠든 국립 4·19 민주 묘지 • 128

 ### 경제는 살리고 민주주의는 죽이고 _ 대한민국역사박물관, 청계천

자나 깨나 경제 개발! • 133
경제 성장의 빛과 그림자 • 137
내 죽음을 헛되이 말라! • 142
국민의 입을 막은 유신 헌법 • 144

가상 인터뷰! 아름다운 청년, 전태일 • 150
엄마, 아빠 어렸을 적 엿보기, 한국근현대사박물관 • 152

3부 새로운 대한민국 만들기

 ### 민주주의를 향해 앞으로, 앞으로! _ 국립 5·18 민주 묘지

군홧발에 짓밟힌 민주주의의 봄 • 159
독재는 물러가라, 광주 시민 나가신다! • 163
또 하나의 죽음으로 되찾은 민주주의 • 167
구석구석에 부는 민주화 바람 • 172
우리 지역 대표는 우리 손으로! • 176

4·19 혁명의 정신을 이은 국립 5·18 민주 묘지 • 180

 ### 경제를 일으키고 위기를 이겨 내다 _ 올림픽공원

한강의 기적 뒤에 찾아온 경제 위기 • 185
단군 이래 최대의 호황! • 187
위기의 대한민국, 국민들이 나서다! • 191
국민 소득 2만 달러, 이제는 선진국? • 195

그날의 함성, 그날의 영광을! 올림픽공원 • 198

 **새로운 사회, 새로운 문화** _ 대한민국역사박물관

피자와 치킨은 언제부터 먹었을까? • 202
단독 주택에서 아파트로 • 204
요람에서 무덤까지 나라가 책임진다! • 206
인권을 지키고 다른 문화를 인정하는 사회 • 209
새로운 문제들 • 213
이제는 지식이 밥 먹여 준다 • 216

친구 엄마 나라 방문기, 내 친구의 외갓집은 산 호세! • 219

평화와 통일, 그리고 대한민국의 미래 _ 북한 평양

6·25 전쟁 이후 북한이 걸어온 길 • 223
좋아졌다 나빠졌다, 오락가락 남북 관계 • 227
남과 북, 평화와 통일을 위해 • 232
우리 손으로 만드는 대한민국의 미래 • 235

궁금하다! 북한 어린이들의 생활 모습 • 240
미리 가 보는 평양 • 242

찾아보기 • 244   참고한 책과 사이트 • 247   사진 제공 • 249
'재미있다! 한국사' 시리즈에 자문해 주신 선생님들 • 250

일러두기

1. '재미있다! 한국사' 시리즈는 새롭게 바뀐 초등학교 사회 교과서 역사 영역을 반영해 만들었습니다. 본문에 📖 표시와 함께 삽입한 글은 교과서의 주요 내용을 발췌·요약·정리한 것입니다.
2. 띄어쓰기와 맞춤법은 국립국어원 표기 원칙에 따랐습니다.
3. 이 책에 나오는 외국 인명, 지명 등은 국립국어원 외래어 표기법에 따라 표기했습니다. 단, 중국의 지명은 독자 이해를 돕기 위해 한자를 우리말로 읽어 주고, 꼭 필요할 경우에만 괄호 안에 국립국어원 외래어 표기법에 따른 지금의 지명을 써넣었습니다.
4. 본문에 나오는 책의 제목이나 신문 이름에는 『 』를, 그림이나 노래 같은 예술 작품의 제목에는 「 」를 붙였습니다. 단, 그림이나 사진 설명 글에서는 예외를 두었습니다.

등장인물

답사반 대장 '구쌤'

'재미있다! 한국사' 답사반 대장이자 한국사 현장 수업을 진행하는 역사 선생님. 어린아이처럼 천진난만하고, 장난기 넘치며, 흥이 많아 유쾌 발랄하다. 하지만 역사 이야기를 들려줄 때만큼은 누구보다 진지하다!

성실 대원 '고미'

답사반에서 둘째가라면 서러울 정도로 성실한 곰. 먹는 것을 좋아해 가방 안에 음식을 잔뜩 넣어 다니며, 아는 것이 많고 호기심도 많다. 인터뷰를 도맡아 하며, 퀴즈 내기를 좋아한다.

나대로 대원 '뿌기'

음악 듣기를 좋아해 늘 헤드폰을 쓰고 다니는 거북. 남들이 뭘 하든 크게 상관하지 않지만, 관심 있는 것이 있으면 불현듯이 나타나 누구보다 열심이다.

열심 대원 '로기'

무슨 일이든 적극적으로 참여하고 행동하는 사슴. 눈치가 빠르고 똑똑한데 아는 체를 좀 하는 편이다. 고미와 쿵짝이 잘 맞는다.

1945년 ― 8월 15일, 광복을 맞이하다
조선 건국 준비 위원회가 만들어지다
한반도 북쪽에 소련군,
남쪽에 미군정이 들어서다
모스크바 3국 외상 회의가 열리다

1946년 ― 신탁 통치 문제로 좌우가 대립하다
미·소 공동 위원회가 열리다

1947년 ― 유엔이 남북한 총선거를
실시하기로 결정하다

1948년 ― 제주 4·3 사건이 일어나다
5·10 총선거가 실시되다
대한민국 정부가 수립되다

1949년 ― 김구가 암살당하다

1부

해방에서 분단으로

1교시 | 한눈에 보는 해방 이후 우리 역사 _ 대한민국역사박물관

2교시 | 해방보다 먼저 그어진 38도선 _ 임진각국민관광지

3교시 | 아! 대한민국의 탄생 _ 경교장, 덕수궁

1교시 한눈에 보는 해방 이후 우리 역사

> 길고 어두운 일제 강점기를 지나 우리나라는 해방을 맞이했어. 모든 사람들이 거리에 나와 태극기를 흔들며 만세를 불렀지. 하지만 해방의 기쁨은 오래가지 못했어. 해방은 분단으로 이어졌고, 분단은 전쟁을 낳았거든. 전쟁은 모두에게 엄청난 재앙이었어. 하지만 우리의 할아버지, 할머니, 엄마, 아빠는 그 재앙을 이겨 내고 지금의 발전을 이루었단다.

어느새 『재미있다! 한국사』 마지막 권이 되었네. 우리가 마지막 권에서 다룰 내용은 해방 이후의 우리 역사야. '해방'이란 우리가 일제 식민지 상태에서 벗어난 것을 말해. 해방은 다른 말로 '광복'이라고도 불러. '빛을 회복한다.'는 의미지. 일제 강점기는 우리에게 암흑기였으니까. 1945년 8월 15일에 우리나라가 일제로부터 주권을 되찾은 일을 '8·15 광복'이라고 하고, 이것을 기념하는 날을 '광복절'이라고 해.

이번 시간에는 1945년부터 지금까지의 역사를 쭉 한 번 훑어볼 거야. 서울 광화문 광장 옆에 있는 대한민국역사박물관을 둘러보면서 말이지. 자, 그럼 안으로 들어가 볼까? 로비를 지나 3층의 제1전시실로 들어가니 오른쪽으로 거대한 태극기가 보이는구나. 그런데 생긴 모양이 조금 이상해. 가운데 태극 문양이 아래위로 절반씩 나뉜 것이 아니라 마치 소용돌이치듯 휘돌고 있어. 어? 그 옆쪽 위의 작은 태극기는 태극 문양이 좌우로 나뉘었네. 왼쪽이 파랑, 오른쪽이 빨강이고 옆에 글씨도 쓰여 있어. 그 아래의 태극기에는 낙서가 잔뜩 되어 있고.

　이것들은 아주 오래전, 대한민국이 세워지기 전에 만들어진 태극기들이야. 그때는 태극기마다 모양이 조금씩 달랐어. 큰 것은 '데니 태극기'라고 불리는데, 우리나라에 남아 있는 태극기 가운데 가장 오래된 거래. 고종의 외교 고문이었던 미국인 오웬 데니가 1890년 미국으로 돌아갈 때 가져간 것이니까 만들어진 지 100년이 훌쩍 넘은 거야. 오른

오늘날의 태극기 모양은 대한민국이 수립된 뒤 1949년에 결정되었대.

왼쪽부터 시계 방향으로 데니 태극기, 김구 선생이 글을 쓴 태극기, 한국광복군이 서명을 남긴 태극기야.

대한민국이 세워지기 전에 만들어진 태극기들

쪽의 작은 태극기는 백범 김구가 1941년 벨기에 출신의 한 신부에게 준 것이지. 그 아래 태극기의 낙서는 한국광복군이 조국의 광복을 기원하는 문구를 쓰고 서명한 거야. 그런데 여기에 전시된 태극기들은 모두 복제품. 데니 태극기의 진품은 국립중앙박물관, 다른 두 태극기는 독립기념관에 소장되어 있단다.

전시실에서 오래전 태극기들을 보고 조금 더 가면 '대한민국 임시 정부의 대일 선전 성명서'가 보여. 이름대로 일본에 전쟁을 선포하는 문서야. 1941년에 일본이 태평양의 하와이를 폭격하고 미국과의 전쟁을 시작하자 대한민국 임시 정부는 일본에 선전 포고를 했단다. 그리고 광복군이 일본과의 전쟁에 본격적으로 뛰어들었지. 안타깝게도 광복군의 국내 침투는 이루어지지 못했지만, 이처럼 광복군을 비롯한 독립운동가들의 노력이 있었기 때문에 우리는 해방을 맞을 수 있었어. 물론 미국과 소련을 비롯한 연합국이 일본에 승리를 거둔 것이 결정적인 이유였지만 말이야.

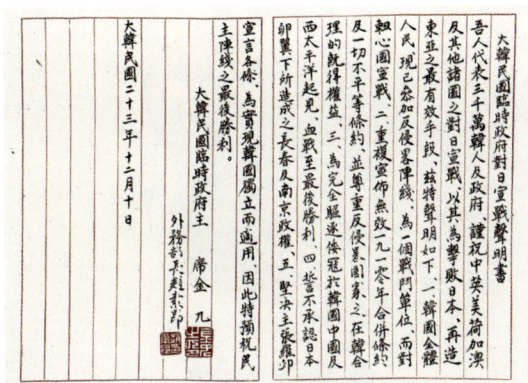 

대한민국 임시 정부의 대일 선전 성명서(왼쪽)와 국내에 먼저 파견된 한국광복군 대표들(오른쪽)

해방의 기쁨, 전쟁의 아픔

교과서를 보면 해방 이후의 우리 역사를 이렇게 정리하고 있어.

📖 일제 강점기를 이겨 낸 우리나라는 광복을 맞이하였다. 그러나 광복의 기쁨도 잠시, 우리나라는 남과 북으로 분단되었고 6·25 전쟁이 일어났다. 전쟁은 우리나라에 수많은 피해를 남겼다. 그러나 국민들은 전쟁의 상처를 극복하였고 민주주의가 위협을 받을 때 목숨을 바쳐 지켜 냈으며, 경제가 어려울 때는 고통을 나누고 서로를 위로하며 눈부신 발전을 이루었다.

혹시 '해방둥이'라는 말을 들어 봤니? 우리나라가 해방을 맞이한 1945년에 태어난 아이를 부르는 말이야. 아마 여러분의 할머니, 할

아버지 중에서도 해방둥이가 있을 거야. 사람들은 해방을 맞은 기쁨을 두고두고 기억하기 위해 아이들을 그렇게 불렀단다. 하지만 해방의 기쁨은 오래가지 못했어. 해방과 함께 나라가 남과 북으로 분단되어 각기 다른 정부가 들어섰거든. 물론 분단은 우리가 원한 것이 아니었어.

전시실 벽에 걸린 오래된 흑백 사진 하나를 보자. 제복을 입은 서양 군인들이 행진하고 있네. 맨 앞에 선 군인은 손에 꽃다발을 들었어. 사진 아래에는 '소련군 북한 진주 완료'라는 설명이 달려 있고. 이건 소련군이 북한에 들어오는 장면을 찍은 사진이야. 소련군이 북한에, 미군이 남한에 들어와 38도선을 사이에 두고 자리를 잡게 되고, 여러 일들이 벌어지면서 남과 북이 갈리게 되었단다.

북한 땅으로 들어오는 소련군

1950년 흥남 철수 당시 메러디스 빅토리호를 재현한 모형

　불행히도 이게 끝이 아니었어. 분단은 6·25 전쟁으로 이어졌어. 왜 그렇게 되었느냐고? 자세한 이야기는 차차 하기로 하고, 지금은 전시물을 하나 보자. 커다란 배 안에 빽빽하게 들어찬 사람들을 작은 인형으로 만들어 놓았어. 엄마, 아빠, 아이로 짐작되는 사람들을 보니 가족끼리 어디론가 떠나는 모양이야. 이건 북한 땅인 흥남에서 미군의 배를 타고 피란하는 사람들의 모습이야. 수많은 북한 주민들이 군인들과 함께 남쪽으로 떠났고, 해방둥이들도 부모 손을 잡고 피란길에 올랐지. 그런데 이때, 배에 탈 수 있는 사람의 수보다 훨씬 더 많은 피란민이 몰려들어서 수많은 사람들이 죽거나 다쳤대. 전쟁의 비극을 보여 주는 장면이야.

'6·25 전쟁'이야, '한국 전쟁'이야?

1950년 6월 25일에 한반도에서 일어난 전쟁은 크게 두 가지 이름으로 불려. 하나는 6·25 전쟁. 전쟁이 일어난 날짜로 이름을 삼은 것이지. 다른 하나는 한국 전쟁. 미국을 비롯한 다른 나라에서 이 전쟁을 부르는 이름이야. 결국 6·25 전쟁이나 한국 전쟁이나 둘 다 같은 전쟁을 가리키는 말이야.

전쟁을 극복하고 민주주의를 지키다

전쟁 이후에 나라를 일으키는 데에는 미국의 원조(물품이나 돈 등으로 도와주는 것)가 큰 힘이 되기도 했지. 대한민국역사박물관 제2전시실에는 "미국의 원조, 힘을 합하여 한국을 재건하자."라는 표어가 쓰인 포스터가 있어. 이렇게 대한민국은 미국의 원조를 바탕으로 집을 짓고, 학교를 세우고, 공장을 만들면서 새로운 나라를 건설했단다.

한편 우리 할아버지와 할머니는 6·25 전쟁의 상처를 극복했을 뿐 아니라 민주주의가 위협을 받을 때 목숨을 바쳐서 지켜 내기도 했어. 포스터에서 조금 떨어진 곳에 전시된 특별한 문서의 내용을 한번 살펴보자.

1950년대 공익 포스터

나 리승만은 국회의 결의를 존중하여 대통령의 직을 사임하고 물러앉아 국민의 한 사람으로서 나의 여생을 국가와 민족을 위하여 바치고자 하는 바이다.

단기 4293년 (1960년) 4월 27일

리승만

리승만은 대한민국 초대 대통령 이승만을 말해. 당시에는 '이'씨를 '리'씨라고 쓰기도 했거든. 이 문서는 바로 이승만 대통령이 스스로 대통령의 자리에서 물러나겠다고 선언한 '대통령 사임서'야. 왜 그랬느냐고? 이승만 대통령이 민주주의를 무시하고 부정한 방법으로 선거를 치르자 전 국민이 들고 일어나 그가 대통령 자리에서 물러날 것을 요구했거든. 결국 이승만 대통령은 국민들의 뜻을 받아들여야만 했지. 이게 바로 4·19 혁명이야.

시발 자동차, 전쟁의 폐허를 달리다

우리나라 국민들은 민주주의를 지켰을 뿐 아니라 경제도 발전시켰어. 전시실 한쪽을 보면 옛날 서울역 사진 앞에 하늘색 자동차 한 대가 있어. 이 차의 이름은 '시발 자동차'야. 이름이 꼭 욕하는 것 같다고? 오해는 금물! 여기서 시발은 처음 시(始)에 생길 발(發), 즉 처음 만든 자동차라는 뜻이란다.

시발 자동차

시발 자동차는 우리 손으로 만든 첫 국산 자동차야. 1955년 8월에 처음 생산되기 시작했지. 아니, 전쟁이 끝난 지 얼마 안 되었는데 벌써 자동차를 만들 수 있었느냐고? 물론 부품 하나하나까지 우리 손으로 만든 건 아니야. 망가진 미군 자동차의 부품을 사용하고 더 필요한 부품은 우리 손으로 만들어 조립한 것이지.

이어지는 전시실에는 시발 자동차보다 좀 더 세련되어 보이는

포니 자동차

자동차가 나오는데, 이 차의 이름은 '포니'야. 1974년 우리나라에서 처음으로 생산된 고유 모델 자동차래. 이로써 대한민국은 아시아에서 두 번째, 세계에서는 열여섯 번째 자동차 생산국이 되었지. 포니는 처음으로 수출에 성공한 자동차이기도 해. 손으로 뚝딱뚝딱 시발 자동차를 만든 지 불과 20여 년 만의 일이야. 우리나라 자동차 산업은 이때부터 시작된 거란다.

포니 자동차 옆으로는 비슷한 시기에 생산하기 시작한 전기밥솥, 전자레인지, 냉장고, 세탁기 같은 가전제품들이 있어. 전쟁의 폐허에서 일어난 우리나라는 공장에서 생산한 물건을 수출할 정도로 경제가 발전하게 된 거야. 다른 나라 사람들은 이처럼 눈부신 경제 성장을 가리켜 '한강의 기적'이라고 불렀어.

한강의 기적을 만든 사람들

그런데 잊어서는 안 되는 사실이 하나 있어. 한강의 기적이란 누가 거저 준 것이 아니라 우리나라 사람들이 땀 흘리며 하나씩 이루어 낸 성과라는 것! 그건 결코 쉬운 일이 아니었단다. 정부와 기업이 앞장서되 험한 일을 마다하지 않고 최선을 다한 노동자들이 있었기에 가능한 일이었어.

국내뿐 아니라 해외에 나간 노동자들의 노력도 컸어. 아직 우리나라 산업이 많이 발전하지 못했던 1970년대에는 많은 광부들과 간호사들이 돈을 벌기 위해 독일로 갔어. 당시 광부와 간호사는 힘든 직업이라 독일 사람들이 하기 싫어했거든. 지금 우리나라의 공장이나 농장에 외국인 노동자들이 와서 힘든 일을 하는 것처럼 말

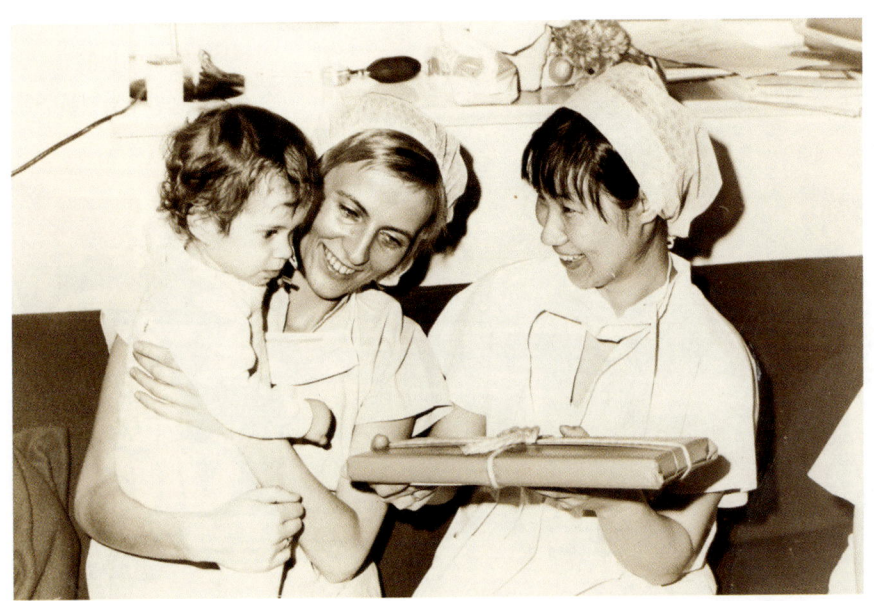

1970년대 독일로 간 간호사

이야. 그 시절 독일로 간 광부와 간호사는 피땀 흘려 번 돈을 고국의 가족들에게 보내서 우리 경제가 성장하는 밑거름을 만들었단다. 전시실에 이들의 모습이 찍힌 사진과 여권을 비롯한 물건들이 전시되어 있으니 찬찬히 살펴보렴.

한편 이렇게 고생하는 노동자들 가운데 노력의 대가를 제대로 못 받는 사람들도 많았어. 전시실 한쪽, 재봉틀이 있는 자그마한 방이 보이니? 여기는 1970년대 옷을 만들던 서울의 평화시장 작업장을 재현해 놓은 곳이야. 당시 노동자들은 비좁은 다락방 같은 데서 허리도 못 펴며 하루에 12시간 넘게 일해도 제대로 밥을 먹지 못할 정도로 임금이 적었어. 하루 종일 햇빛도 제대로 보지 못하고 먼지나 탁한 공기 속에서 일하느라 몸이 상하는 경우도 많았지. 이런 사정

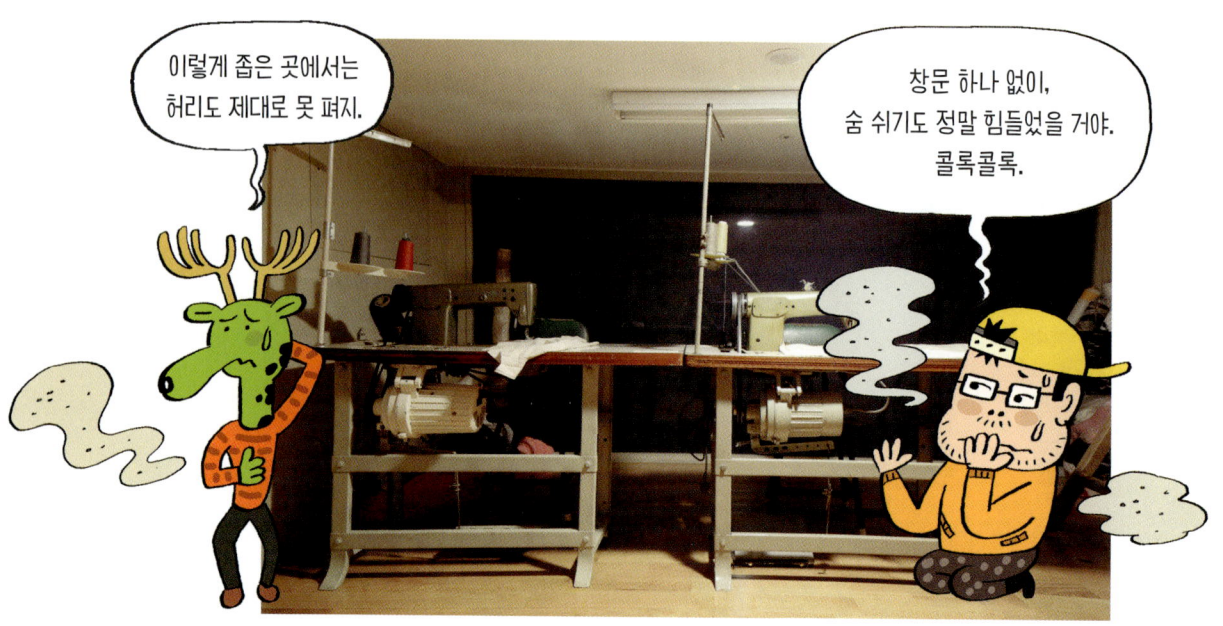

1970년대 평화시장 작업장 재현

은 평화시장뿐이 아니었어. 전국 각지의 공장에서 일하는 많은 노동자들은 대부분 나쁜 환경에서 일하고, 일한 만큼의 대가를 받지 못했단다. 다행히 많은 사람들의 노력으로 노동자들이 권리를 찾기 시작하면서 그들의 살림살이도 조금씩 나아지게 되었어.

이처럼 우리나라 현대사는 어려움을 이겨 내는 과정이라고 할 수 있어. 물론 해결해야 할 과제가 아직 많지. 태어나는 아이 수는 줄고 노인은 빠른 속도로 늘어나고 있어. 젊은이들의 취업은 어렵고 안정된 일자리 또한 점점 줄어들고 있지. 북한과 평화로운 관계를 유지하고 나아가 통일을 이루는 것 또한 빼놓을 수 없어.

어휴, 말만 들어도 머리가 아프다고? 하지만 더욱 좋은 사회를 만들려면 어려움을 이겨 내는 것이 필요해. 마치 우리 할아버지, 할머니, 엄마, 아빠가 그랬던 것처럼 말이야.

해방 이후 우리 역사에 대한 다음 설명 중 사실과 다른 것은?

① 미국과 소련이 38도선을 그어 버려 우리나라는 분단되었다.
② 6·25 전쟁으로 수많은 사람들이 고통을 겪었다.
③ 우리 국민들은 전쟁의 상처를 극복하고 민주주의와 경제를 발전시켰다.
④ 경제가 발전하는 과정에서 모든 국민들은 골고루 잘살게 되었다.

정답 | ④번. 한강의 기적을 이룬 사람들 중 대가를 제대로 못 받은 노동자도 있었어.

대한민국 근현대사를 만나다, 대한민국역사박물관

제2전시실 전경

　이곳은 강화도 조약으로 나라 문을 연 후 오늘날까지 이어지는 대한민국 근현대사를 한눈에 살펴볼 수 있는 박물관이야. 우리나라 대표 박물관인 국립중앙박물관도 근현대사 부분은 자료가 많지 않아. 그러니까 국립중앙박물관에 가서 선사 시대부터 조선 시대 말까지의 우리 역사를 훑어본 다음, 이곳에서 개항 이후 지금까지의 역사를 살펴보면 한반도 5,000년 역사가 정리되는 셈이지.

　박물관 입구에 들어서면 커다란 '무빙 월(움직이는 벽)'이 눈에 들어와. 그 위로 우리 근현대사의 영상들이 흐르는 것이 마치 예술 작품처럼 멋져 보여. '대한민국의 태동'이라는 주제로 꾸며진 제1전시실은 1876년 개항부터 1945년 해방까지의 역사를 다루고 있어. 개항 이후 우리 힘으로 자주적인 근대 국가를 이루고자 했던 노력과 좌절, 일제 강점기의 독립운동과 임시 정부의 역사, 그리고 해방을 맞을 때까지의 한반도 역사가 파노라마처럼 펼쳐지지.

　이어지는 제2전시실에서는 대한민국 정부 수립과 6·25 전쟁의 비극, 그리고 전쟁 이후 폐허가 된 나라 상황을 극복하는 과정을 볼 수 있어. 당시 38도선을 가르던 표지판과 구멍 뚫린 철모, 할아버지와 할머니가 공부하던 '콩나물 교실'도 볼거리야. 좁은 교실에 많은 아이들이 빽빽이 모여 앉아서 공부하는 모습이 꼭 콩나

물이 모여 있는 모습 같다고 해서 붙여진 이름이지.

제3전시실은 1960~1970년대 산업화와 민주화를, 제4전시실은 선진국으로 도약하는 대한민국의 최근 모습을 다루고 있어. 자동차와 가전제품 외에도 그 시절 영화와 음악도 보고 들을 수 있지. 「로보트 태권브이」 「똘이 장군」 같은 옛날 만화 영화 포스터도 볼 수 있단다. 마지막으로 세계 속으로 뻗어 나가는 멋진 대한민국의 모습을 보면 전시실을 모두 둘러보는 셈이야.

제2전시실의 콩나물 교실 재현 모형(위)과 제3전시실(아래)

하지만 아쉬운 게 하나 있어. 박물관 이름에 '대한민국'이 들어가서 그런지, 북한 역사는 찾아보기 힘들다는 점이야. 남과 북이 평화를 이루고, 나아가 다시 하나가 되려면 서로를 아는 노력이 반드시 필요한데 말이야. 또 서울 올림픽 대회 이후의 역사를 좋게만 바라보는 것도 문제야. 지금 우리 사회에 나타나는 문제들을 해결하려면 역사를 좀 더 객관적으로 바라보는 태도가 필요한데 말이지. 다음에 여러분이 직접 박물관에 가게 되면 이러한 점까지 생각하며 둘러보면 좋겠어.

:: 알아 두기 ::

가는 길 지하철 5호선 광화문역 2번 출구, 3호선 경복궁역 6번 출구에서 걸어서 5분이면 도착.

관람 소요 시간 1시간 남짓.

휴관일 매주 월요일, 1월 1일.

추천 코스 3층 제1전시실에서 시작해서 5층 제4전시실까지 순서대로 둘러보면 돼.

2교시
해방보다 먼저 그어진 38도선

> 1945년 8월 15일. 일본은 항복했고, 우리는 해방을 맞았어. 독립을 위해 노력했던 사람들은 새 나라를 건설하기 위해 저마다 힘을 다했지. 하지만 해방과 함께 남과 북은 갈라졌어. 미국과 소련이 자기들 마음대로 38도선을 그어 버렸거든. 갈라진 남과 북을 다시 잇기 위해서는 힘을 모아야 했지만, 아쉽게도 우리나라 사람들 또한 갈라져 서로 싸우기 시작했단다.

　혹시 '이산가족'이라는 말을 들어 봤니? 뉴스에서 '올해 광복절에는 이산가족 상봉이 이루어질 것 같다.'는 말을 들어 본 것 같지 않아? 이산가족이란 헤어질 리(離)에 흩어질 산(散), '헤어져서 뿔뿔이 흩어진 가족'이라는 뜻이야. 보통은 우리나라가 전쟁과 분단을 겪는 과정에서 남과 북에 따로 떨어진 가족을 가리켜. 전쟁이 일어나자 수많은 사람들이 피란을 가느라 고향을 떠났거든. 그런데 전쟁 후에 남과 북의 고향으로 오갈 수 없게 되자 피란민들은 이산가족이 되어 버린 거야.

　여기는 경기도 파주에 있는 임진각국민관광지야. 남쪽의 이산가족들이 자주 찾는 곳이지. 남북을 가르는 군사 경계선에서 불과 7킬로미터 떨어진 이곳은 군부대의 허락을 받지 않고 민간인이 갈 수

임진각국민관광지에 전시된 경의선 장단역 증기 기관차

있는 가장 북쪽 지역이거든. 그래서 북녘 땅이 고향인 이산가족들이 자주 찾기 시작했고, 지금은 해마다 설이나 추석이면 이곳에서 북쪽의 고향을 향해 차례를 지내기도 한단다. 또 이곳에는 남북이 분단되기 전에 남과 북을 오가던 낡고 부식된 증기 기관차가 있어. 그리고 '철마는 달리고 싶다.'는 문구가 새겨진 푯돌이 보여. 이렇게 보니 이곳은 한반도 분단의 상징과도 같은 곳이구나.

그런데 여기에 오니 자연스럽게 의문 하나가 떠올라.

'남과 북은 왜 갈라지게 되었을까?'

그걸 알기 위해서는 조선이 일제 강점기를 벗어나 해방을 맞이하는 순간으로 되돌아가야 해.

📖 1945년 여름, 미국은 일본에 두 발의 원자 폭탄을 떨어뜨렸다. 일본은 도시가 파괴되고 많은 사람들이 죽는 등 막대한 피해를 입었다. 더욱이 일본은 소련이 전쟁에 참가하여 공격하자 전쟁을 계속할 수 없었다. 결국 일본은 무조건 항복하였다.

5권에서 제2차 세계 대전에 대해 이야기해 준 것, 기억하지? 독일·일본·이탈리아가 한편을 이루고 영국·미국·프랑스·소련 등이 또 한편을 이루었다고 했지. 제국주의 국가들이 식민지를 얻기 위해 서로 편을 갈라 싸웠다는 이야기도 했어.

제2차 세계 대전 막바지에 다다라 미국은 일본에 두 발의 원자 폭탄을 떨어뜨렸어. 원자 폭탄은 파괴력이 엄청나 인류를 멸망시킬 수도 있다는 무서운 무기야. 이 원자 폭탄이 한 발은 히로시마, 다른 한 발은 나가사키에 터졌어. 1945년 8월 6일, 히로시마에 떨어진 단 한 발의 원자 폭탄으로 희생된 사람은 약 20만 명. 3일 뒤 나가사키에까지 원자 폭탄이 터지자 일본은 더 이상 전쟁을 할 수 없었어. 이런 가운데 소련이 8월 8일 일본에 선전 포고를 한 것도 영향을 끼쳤어. 1945년 8월 15일, 쇼와 일왕은 무조건 항복을 선언했어.

우리 일본은 무조건 항복을 선언한다!

항복을 선언하는 쇼와 일왕

 **미국은 원자 폭탄을 꼭 사용해야만 했나?**

임진각국민관광지에는 미국 제33대 대통령 해리 트루먼의 동상이 있어. 그는 일본에 원자 폭탄을 떨어뜨리도록 명령한 사람이지. 물론 일본에 원자 폭탄이 떨어진 덕분에 전쟁이 빨리 끝나게 된 것은 확실해. 하지만 당시 일본은 이미 패배를 인정하기 직전의 상황이었어. 미국과 영국의 폭격기들이 일본의 여러 도시를 폭격했고, 일본의 전쟁 능력은 바닥까지 내려가 있었거든. 물론 원자 폭탄을 쓰지 않았다면 전쟁이 길어지면서 더 큰 피해를 입었을 거라고 주장하는 학자들도 있어. 하지만 원자 폭탄으로 숨진 사람들은 대부분 전쟁과는 상관없는 일반인들이었고, 그중에는 일본으로 끌려간 우리나라 사람도 수만 명에 이르렀어. 원자 폭탄을 사용하는 데 더욱 신중했어야 하는 이유가 바로 여기에 있어.

해방된 새 나라는 우리 손으로

일본이 항복하자 국내의 민족 지도자들은 우리 손으로 새로운 나라를 만들 준비를 했어. 그중 대표적인 인물이 여운형이야.

📖 광복과 함께 국내의 민족 지도자들은 여운형을 중심으로 조선 건국 준비 위원회를 만들어 사회 질서를 잡고 새로운 국가의 건설을 논의하였다. 한편 김구를 중심으로 대한민국 임시 정부 지도자들과 이승만 등 해외에서 활동했던 민족 지도자들이 귀국하여 새로운 나라를 만드는 일에 참여하였다.

국내 민족 지도자들이 여운형을 중심으로 뭉친 이유는 간단해. 여운형은 이미 해방 1년 전부터 '건국 동맹'이라는 비밀 조직을 만들어서 일본이 패망한 뒤에 새 나라를 세울 준비를 하고 있었거든.

일본이 무조건 항복을 발표하기 직전, 조선 총독부 관리가 은밀하게 여운형과 만났어. 그 관리는 여운형에게 조선 총독부의 권한을 넘겨받는 대신 일본인들의 안전을 보장해 줄 것을 제안했지. 일본도 여운형과 건국 동맹을 인정하고 있었던 거야. 제안을 받아들인 여운형은 건국 동맹의 이름을 '조선 건국 준비 위원회'로 바꾸었어. 새로운 나라를 세우겠다는 뜻을 분명히 한 거야.

그리고 해방 이튿날, 여운형은 서울 휘문중학교 운동장에 모인 많은 사람들 앞에서 연설을 했어.

1945년 8월 16일, 휘문중학교에서 사람들에 둘러싸인 여운형

"조선 민족의 해방의 날은 왔습니다. 이제 우리 민족 해방의 첫걸음을 내딛게 되었으니 지난날의 아프고 쓰리던 것을 이 자리에서 다 잊어버리고 이 땅에다 합리적이고 이상적인 낙원을 건설하여야 합니다."

모두가 힘을 합쳐 새 나라를 건설하자는 내용이야. 하지만 상황은 여운형의 연설과 정반대로 흘러갔어. 나라 안팎에서 독립운동을 이끌던 지도자들이 힘을 합치기는커녕 저마다 주도권을 잡기 위해 서로 갈라져 다투기 시작했거든. 5권에서 3·1 운동 이후의 독립운동을 설명하면서 일제 강점기의 우리나라 독립운동 세력이 사회주의 세력과 민족주의 세력으로 나뉘어 있었다고 이야기했던 것, 기억나니? 사회주의와 민족주의 세력은 해방 이후, 서로 대립하기 시작했어. 이걸 '좌우의 대립'이라고도 말해. 그때는 사회주의를 좌익(좌파), 민족주의를 우익(우파)이라고 불렀거든.

여운형은 사회주의 쪽 인물이었어. 따라서 조선 건국 준비 위원회는 좌익이 주도하는 셈이었지만 많은 수의 우익 인사들도 참여했단다. 새로운 나라를 만들기 위해서는 좌우가 힘을 합쳐야 한다고 생각했거든. 조선 건국 준비 위원회는 해방 후 불과 보름 만에 전국에 145개의 지부를 만들었어. 각 지역에 있던 독립운동가들이 앞장서서 참여했지. 이들은 일본 경찰 대신 치안과 질서를 유지하며 새 나라를 건설할 준비를 했어.

그런데 미국과 소련이 한반도를 나누어 점령하고 미군이 한반도 남쪽에 들어온다는 소식이 전해져 왔어. 그러자 분위기가 바뀌었

어. 국내 정치 세력이 힘을 합치기보다는 오히려 분열하기 시작한 거야. 먼저 조선 건국 준비 위원회에 참여했던 우익 세력이 빠져나가 버렸어. 또한 조선 건국 준비 위원회를 이끌던 좌익 세력은 미군이 한반도에 들어오기 전에 서둘러 조선 인민 공화국의 성립을 선포했어. 정부의 모습을 갖추고 그 자격을 인정받아 미군과 상대하려고 한 거지. 하지만 한반도에 들어온 미군은 조선 인민 공화국과 대한민국 임시 정부는 물론 다른 어떤 정부도 인정하려고 하지 않았어.

우리 뜻과 상관없이 그어진 38도선

해방 이후 국내 상황이 이처럼 숨 가쁘게 돌아가는 동안, 중국 땅에서 일본의 항복 소식을 들으며 아쉬움에 땅을 친 사람이 있어. 바로 대한민국 임시 정부의 주석이었던 김구야. 일본을 몰아내기 위해 한평생을 바친 분이 왜 그랬을까? 이때 대한민국 임시 정부의 광복군은 미군 특공대와 함께 한반도의 일본군을 막 공격할 참이었거든. 김구는 일본을 우리 힘으로 물리쳐야 강대국들에 휘둘리지 않고 우리 손으로 진정한 독립 국가를 이룰 수 있다고 생각했지.

하지만 아쉽게도 광복군의 국내 공격은 무산되었고, 김구의 걱정대로 우리나라는 강대국들에 휘둘리고 말았어.

 일본군을 몰아낸다는 이유로 미군과 소련군이 각각 우리나라의 남과 북으로 들어왔다. 한반도 가운데에서 마주한 미국과 소련은 분쟁을 피하려고 편의상 북위 38도를 기준으로 남쪽은 미군이, 북쪽은 소련군이 통치하기로 합의하면서 우리나라를 분단시켰다.

미국과 소련은 제2차 세계 대전 중에는 손을 잡고 공동의 적에 대항해 싸웠지만, 한편으로는 다른 나라를 자기네 영향력 아래 두기 위해 경쟁했어. 한반도도 예외가 아니었어. 미국과 소련은 우리나라의 독립보다 서로에게 주도권을 빼앗기지 않는 것을 더 중요시했지. 그런데 아직 미국이나 소련의 어느 쪽도 한반도를 차지하지 못한 상황에서 일본이 항복을 선언한 거야. 항복했으니 된 것 아

니냐고? 그렇게 간단한 문제가 아니었어. 일본은 우리가 아니라 미국과 소련이 있는 연합국에 항복했거든. 그러니 연합국 중 누군가 먼저 한반도에 들어와서 일본군의 항복을 받아야 했어.

그런데 일본이 항복했을 당시 소련군은 한반도 북쪽에 들어와 있었고, 미군은 한반도에서 대략 850킬로미터나 떨어진 오키나와 섬에 있었어. 자칫하면 소련이 한반도를 몽땅 차지할지도 모르는 상황이 되자 미군은 부랴부랴 소련에게 38도선을 제안했어. 미국과의 불필요한 분쟁을 피하고 싶었던 소련은 이 제안을 순순히 받아들였지. 우리 뜻과는 상관없이 한반도에 38도선이 그어져 북쪽에는 소련군이, 남쪽에는 미군이 들어온 거야.

해방 이후 상황에 대한 다음 설명 중 사실과 다른 것은?

① 원자 폭탄이 떨어지고 소련이 전쟁에 참가하자 일본은 항복했다.
② 미국과 소련은 38도선을 기준으로 남북을 나누어 통치하기로 했다.
③ 국내의 민족 지도자들은 김구를 중심으로 조선 건국 준비 위원회를 만들어 새로운 나라의 건설을 준비했다.
④ 우익 세력은 미군이 한반도 남쪽에 들어온다는 소식에 조선 건국 준비 위원회에서 나왔다.

정답 | ③번. 조선 건국 준비 위원회는 여운형이 주도했어.

미국과 소련이 들어오니 남북이 갈리다

소련군이 북한의 모든 지역을 장악한 때는 1945년 8월 26일, 미군이 남한에 첫발을 디딘 날은 같은 해 9월 8일이야. 소련군이 한반도 북쪽에 들어오기 시작한 날이 8월 9일이니 미군은 소련군보다 거의 한 달가량 늦게 들어왔어. 지난 시간에 대한민국역사박물관에서 봤던 사진에서 북한에 들어오는 소련군이 손에 꽃다발을 들었던 것처럼, 남한 사람들 역시 미군 부대가 들어올 때 두 손을 번쩍 들고 미군을 환영했어. 미군과 소련군이 우리의 독립을 가져다 주었다고 생각한 걸까?

하지만 미군과 소련군은 한반도의 남과 북을 각각 점령했어. 남쪽에는 미군의 군사 정부(미군정)가 세워졌고, 북에서는 소련군이

남한에 들어온 미군 부대에 환영의 박수를 보내는 어린이들

한국인들의 자치 조직을 인정해 주면서 이를 통해 간접적으로 통치했지. 미군과 소련군의 정책은 달랐지만, 목적은 같았어. 한반도에 자기네 입맛에 딱 맞는 정권을 세우는 것! 소련군은 인민위원회와 같은 한국인 자치 조직을 인정했고, 미군은 소련을 견제하기 위해 남쪽의 우익 세력과 손을 잡았어. 소련군의 사령관 로마넨코는 만주에서 항일 운동을 펼쳤던 김일성을 적극 지원했고, 미군정의 사령관 하지는 미국에서 독립운동을 펼쳤던 이승만이 귀국하자 극진하게 대접했어.

그런데 소련군과 미군의 정책은 결정적인 차이가 있었어. 소련군은 일제 통치에 적극 협력한 친일파들을 몰아냈지만, 미군은 친일파들을 그대로 두었거든. 일제 강점기에 독립운동가들을 괴롭히던 친일 경찰들도 그대로 경찰로 채용했지. 일제 강점기의 고된 삶을 생각하면 친일파에게 큰 벌을 주는 게 맞을 텐데 미군은 왜 그랬을까? 친일파 중에는 우익들이 많았어. 사회주의 세력인 좌익 대신 우익과 함께하고 싶은 미군은 친일파에 관대했던 거야. 그런 탓에 심지어 해방 이후에도 좌익 성향의 독립운동가를 친일 경찰이 체포해 고문하는 일까지 벌어진단다.

혼란스러운 나라, 희망에 찬 사람들

해방을 맞이하자 한반도를 떠났던 사람들이 돌아왔어. 일본의 탄압을 피해 중국이나 만주, 소련으로 가서 살거나 일본에 강제로 끌려갔던 사람들이 고향으로 돌아오게 된 거야. 이렇게 돌아온 사람들이 무려 200만 명이 넘었다고 해. 해방 한 해 전의 인구가 남북한

통틀어서 2,500만 명쯤이었는데 말이야.

한꺼번에 인구가 늘어 일자리도, 살 집도, 먹을 것도 부족해졌어. 그러니 나라가 혼란스러울 수밖에. 그래도 사람들은 새로운 나라를 기대하며 새로운 생활을 시작하게 되었어.

혹시 윤석중이 지은 「새 나라의 어린이」라는 동요를 알고 있니? "새 나라의 어린이는 일찍 일어납니다. 잠꾸러기 없는 나라, 우리나라 좋은 나라."라는 노래 말이야. 이 노래는 해방 직후에 발표되었어.

1945년 9월 24일, 해방 이후 쉬고 있던 초등학교가 다시 문을 열었어. 참, 이때는 초등학교가 아니라 국민학교였단다. 아무튼 이제 학교에서 우리말을 했다고 벌을 받는 일이 사라졌어. 한글로 된 국어책이 나왔지. 교과서는 학생 수에 비해 턱없이 부족했지만, 그래도 학생들은 초롱초롱한 눈을 빛내며 수업에 열중했어. 아이들의 마음속에는 새로운 나라에 대한 희망이 가득했거든.

혼란스러운 나라와 희망에 찬 사람들. 새로운 나라는 과연 어떤 길을 가게 되는 것일까? 안타깝게도 그 길은 결코 순탄하지 않았단다. 오히려 험난한 가시밭길이었지.

 **소학교에서 초등학교로**

우리나라에 처음으로 세워진 근대 초등 교육 기관은 '소학교'로 불렸어. 이름 그대로 어린아이들이 다니는 학교라는 뜻이지. 그러다 을사조약이 체결된 뒤 '보통학교'로 이름이 바뀌었어. 이 이름은 일제 강점기에도 한참 동안 이어지다가 일제 말기에 다시 소학교로 바뀌기도 했단다. 그리고 몇 해 뒤 '국민학교'로 바뀌어 해방 이후로도 수십 년 동안 이어지다가 1996년부터 '초등학교'로 바꿔서 부르고 있어.

분단의 상징, 평화의 상징! 임진각국민관광지

망배단

　보통 임진각으로 불리는 이곳의 공식 이름은 '임진각국민관광지'야. 멀리 북녘 땅이 보이는 전망대가 있는 임진각을 비롯해서 망배단, 자유의 다리, 경기평화센터와 평화누리공원까지 여러 시설물들이 모여서 국민관광지를 이루고 있단다. 수업 시간에 임진각국민관광지의 전경과 증기 기관차 등을 보았으니 지금은 다른 곳들을 둘러보기로 하자.
　임진각 바로 앞에 있는 망배단은 명절에 이산가족들이 차례를 지내는 곳이야. '망배'란 멀리 떨어져 있는 부모, 형제를 그리워하며 그들이 있는 쪽을 바라보고 절을 하는 것을 말해. 6·25 전쟁으로 가족이 뿔뿔이 흩어진 지 수십 년의 시간이 흘렀어. 그때 코흘리개 아이였던 사람들이 벌써 백발의 노인이 되었지. 여러분이 지금 엄마, 아빠, 형제자매와 헤어져서 60년 동안 얼굴 한 번 보지 못한다고 생각해 봐. 상상만으로도 끔찍한 일이겠지? 6·25 전쟁으로 생겨난 이산가족들은 세월이 흐르면서 그 수가 급격하게 줄고 있어. 이대로라면 2040년쯤에는 모든 이산가족들이 세상을 등지게 될 거야. 우리가 하루라도 빨리 통일을

자유의 다리

이룩해야 하고, 그게 어렵다면 적어도 남북의 이산가족들이 자유롭게 오가며 만날 수 있도록 만들어야 해.

망배단 북쪽에 있는 자유의 다리는 6·25 전쟁 때 북한에 잡혀 있던 전쟁 포로들이 남한으로 돌아오면서 지났던 다리야. 남한에서 다시 자유를 찾았다고 이런 이름이 붙었지. 포로들은 모두 차에서 내려 이 다리를 걸어서 건넜대. 또 망배단 옆에는 세계 평화를 기원하는 '평화의 종'이 있어. 여기서 남쪽으로는 평화랜드와 평화누리공원 등이 이어진단다.

가만, 그런데 왜 분단의 상징인 이곳에 통일보다 평화를 기리는 것들이 더 많은 걸까? 아마도 다시는 전쟁이라는 비극이 일어나서는 안 된다는 뜻이겠지. 설령 그것이 통일을 위한 것일지라도 말이야.

임진각국민관광지 곳곳에는 기념비들도 많아. 주로 전쟁에 관련된 것들이지. 전쟁 기념비들을 보면서 평화에 대해 생각해 보는 것은 어떨까?

:: 알아 두기 ::

가는 길 서울역에서 경의선을 타고 임진강역에서 내리면 걸어서 10분.

관람 소요 시간 1시간 남짓.

휴관일 연중무휴.

추천 코스 임진각 전망대에 올라가 보고 망배단과 증기 기관차, 평화의 종, 각종 기념비를 둘러본 후 평화누리공원을 산책하면 딱 좋아!

3교시

아! 대한민국의 탄생

> 해방 이후의 혼란은 시간이 갈수록 심해졌어. 미국과 소련의 대립은 계속되었고, 좌우로 나뉜 국내 정치 세력들의 싸움도 점점 치열해졌지. 힘을 하나로 모으기 위해 최선을 다한 사람들도 있었지만, 분열과 대립은 결국 분단으로 이어졌단다. 고려의 통일 이후 천 년 동안 하나로 지내 온 한반도가 두 개의 나라로 갈라진 거야.

빵! 빵! 빵! 빵!

1949년 6월 26일. 김구가 사는 경교장 건물에 난데없는 총소리가 울렸어. 육군 소위 안두희가 방문객으로 위장하고 찾아가 김구를 향해 총을 쏜 거야. 그곳이 바로 여기야. 서울의 한 병원 안쪽에 그 시절 그 모습 그대로 복원되어 있는 경교장. 김구가 머물던 2층 집무실에 총알 자국이 선명한 유리창이 보이지? 다른 용도로 쓰이던 건물을 몇 년 전에 원래 모습대로 복원하면서 총알 자국까지 재현해 놓았단다.

김구는 급히 병원으로 옮겨졌지만 결국 숨을 거두고 말았지. 경교장 1층에는 그의 장례식 모습을 담은 사진도 있어. 이때 거의 100만 명에 가까운 사람들이 찾아와서 눈물을 흘렸대. 사람들이 이처럼 슬퍼한 것은 한평생을 독립운동에 바친 그의 죽음이 안타까워서였어.

그리고 또 하나, 그가 마지막까지 한반도의 분단을 막기 위해 애쓰다 세상을 떠났기 때문이었어. 무슨 이야기냐고? 김구의 무덤이 있는 서울 효창공원의 백범김구기념관에 가면 그 내용을 알 수 있는 전시물이 있어. 북한의 김일성이 김구에게 보내온 편지인데, 김구가 제안한 남북 협상에 응하겠다는 내용이야. 그 옆에는 38도선을 넘어 북으로 가는 김구의 모습을 실물 크기의 모형으로 만들어 놓았어. 하지만 남북 협상은 별 성과 없이 끝났고, 결국 남과 북에는 각각의 정부가 들어서

김구·김규식의 남북 협상 제의에 대한 김일성·김두봉의 답장

게 되었지.

 암살범 안두희는 김구가 소련의 뜻에 따라 행동했기 때문에 죽였다고 주장했어. 하지만 많은 사람들은 누군가 안두희에게 암살을 명령했다고 생각했지. 끝까지 분단을 막으려던 김구를 못마땅하게 여긴 누군가 말이야. 하지만 진실은 아직까지 밝혀지지 않았단다.

신탁 통치를 둘러싼 오해와 대립

 사회주의와 민족주의, 좌익과 우익의 대립이 더욱 심해진 것은 모스크바 3국 외상 회의 이후였어.

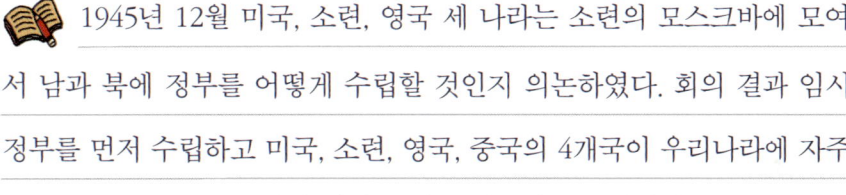 1945년 12월 미국, 소련, 영국 세 나라는 소련의 모스크바에 모여서 남과 북에 정부를 어떻게 수립할 것인지 의논하였다. 회의 결과 임시 정부를 먼저 수립하고 미국, 소련, 영국, 중국의 4개국이 우리나라에 자주적인 정부가 들어설 때까지 신탁 통치를 실시하기로 결정하였다.

 '신탁 통치'란 스스로 다스릴 능력이 없는 나라를 일정 기간 대신 다스려 주는 거야. 아니, 반만년의 역사를 가진 우리나라를 어떻게 보고 그런 거냐고? 미국과 소련을 비롯해 제2차 세계 대전에서 승리한 연합국들이 우리나라에 대해 아는 것이 거의 없다는 것이 문제였지.

 그런데 모스크바 3국 외상 회의의 핵심은 신탁 통치가 아니었어.

가장 중요한 내용은 한반도에 민주적인 임시 정부를 수립하는 것! 잠깐, 우리한테는 이미 대한민국 임시 정부가 있지 않느냐고? 그래, 맞아. 하지만 연합국들은 대한민국 임시 정부의 대표성을 인정하지 않았어. 여러 독립 운동 단체들 중 하나라는 것이 그 이유였지. 그래서 새로운 임시 정부를 세우기로 한 거야.

신탁 통치도 새로 만들어지는 민주적인 임시 정부와 협의해서 실시하려는 것이었어. 또한 신탁 통치 기한을 최고 5년으로 정했으니, 한반도의 임시 정부가 잘만 협의하면 그 기간은 1년이나 2년이 될 수도 있었던 거야. 신탁 통치 없이 임시 정부가 바로 새 나라를 세우는 것도 불가능한 일은 아니었어. 물론 현실적으로 그러긴 쉽지 않았겠지만 말이야.

그런데 모스크바 3국 외상 회의 소식을 국내에 가장 먼저 전한 『동아일보』(1945년 12월 27일자) 1면의 머리기사 제목은 "소련은 신탁 통치 주장, 미국은 즉시 독립 주장"이었어. 같은 날 『조선일보』의 보도도 비슷했지. 이 회의에서 결정된 사항의 핵심은 '민주적인 임시 정부 수립'이었는데 이에 대한 내용은 쏙 빠져 있었어. 더구나 이같은 보도는 사실이 아니었어. 신탁 통치를 먼저 제안한 것은 미국

모스크바 3국 외상 회의 소식을 보도한 『동아일보』 1면

이었거든. 무엇 때문에 이렇게 잘못 보도되었는지는 아직 뚜렷이 밝혀지지 않았어.

아무튼 이런 잘못된 소식을 접한 한반도 사람들은 분노로 들끓기 시작했어. 사람들은 민주적인 임시 정부 설립 소식에 대해서는 모르고 있었으니 신탁 통치를 다른 나라의 지배로만 여긴 거지. 일제의 지배에서 이제 겨우 벗어났는데, 또 다른 나라의 지배를 받아야 하다니! 이건 도저히 참을 수 없는 일이었어. 전 국민이 신탁 통치에 반대하는 시위를 벌였고, 여기에는 좌익과 우익의 구분이 없었단다.

하지만 며칠 후 모스크바 3국 외상 회의의 정확한 내용이 전해지고 나자, 좌익은 입장을 바꿔 이 회의의 결정을 지지하기 시작했어. 여기에는 회의 당사국이었던 소련의 입김이 강하게 작용했지. 김구와 이승만을 포함한 우익 세력은 신탁 통치에 여전히 결사 반대였어. 불행히도 이때부터 신탁 통치를 둘러싼 좌익과 우익의 갈등과 대립이 심해지기 시작했어.

임시 정부 수립은 너무 어려워! 미·소 공동 위원회

자, 이쯤에서 머리도 식힐 겸 경교장에서 걸어서 15분이면 도착하는 덕수궁으로 장소를 옮겨 보자. 한국 현대사 이야기를 하는데 왜 조선 시대 궁궐로 가느냐고? 이곳에 우리 현대사의 현장이 있거든. 조선 궁궐 가운데 유일하게 서양식 건물인 석조전이 바로 그 주

인공이지. 고종이 영국인 건축가를 데려와 지었다는 대리석 건물 말이야. 선생님이 여러분만 했을 때에는 학교에서 여기로 그림 수업을 하러 오곤 했단다. 그 시절 석조전 주변에는 이 아름다운 건물을 그리는 사람들을 흔히 볼 수 있었어.

📖 미국과 소련은 모스크바 3국 외상 회의의 결정에 따라 미·소 공동 위원회를 조직하여 우리나라의 정부 수립에 대해 협의하였다. 이에 이승만은 통일 정부를 수립하기 어렵다면 남한만이라도 임시 정부를 세워야 한다고 주장하였다.

덕수궁 석조전

　1946년 3월 20일, 제1차 미·소 공동 위원회가 바로 이곳 석조전에서 열렸어. 위원회의 임무는 한반도에 민주적인 임시 정부를 세우는 것.

　하지만 이 일은 출발부터 삐걱거렸단다. 소련 측에서 모스크바 3국 외상 회의의 결정을 찬성하는 정당과 사회단체만 임시 정부에 참여시키자고 주장했거든. 이건 신탁 통치를 반대하는 세력은 빼자는 말이었어. 임시 정부 수립이 모스크바 3국 외상 회의의 결정에 따른 것이었으니 과히 틀린 말도 아니지. 하지만 미국은 반대했어. 미국을 지지하는 우익 세력의 대부분이 신탁 통치를 반대하고 있었으니까. 이 문제로 티격태격하던 위원회는 결국 무기한 중단되었단다.

그러자 우익 세력의 지도자였던 이승만은 남한만이라도 단독으로 임시 정부를 세워야 한다고 주장했어. 이 주장에 모두 깜짝 놀랐지. 당시만 해도 대다수의 사람들은 남북이 대립하고는 있지만 서로 다른 정부를 세워 분단이 될 거라고는 생각하지 않았거든. 고려가 후삼국을 통일한 이후 천 년 가까이 한 나라를 이루어 살았으니 분단은 상상도 못 할 일이었지. 그런데 국민의 존경을 받는 정치 지도자였던 이승만이 이런 말을 했으니, 그 놀라움은 당연한 거야.

이때 여운형이 다시 한 번 나섰어. '좌우 합작 위원회'를 만들어서 통일 정부를 세우고자 했지. 좌익이었던 여운형은 자신과 뜻을 같이하는 우익 세력인 김규식(대한민국 임시 정부에서 활동한 독립운동가)과 손을 잡았지만, 쉬운 일은 아니었어. 좌익과 우익의 강경파들이 이 일에 모두 반대했거든. 그래도 이런 노력에 힘을 입어서였을까? 미·소 공동 위원회가 다시 한 번 열렸단다.

하지만 신탁 통치를 반대하는 세력을 참여시키는 문제가 여전히 해결되지 않은 데다가 새로운 문제까지 불거졌어. 당시 남한 인구가 북한보다 두 배쯤 많았는데, 미국이 인구수에 따라 선거를 해야 한다고 주장한 거야. 소련과 북한은 당연히 반대했고. 결국 미·소 공동 위원회는 성과 없이 끝났고 엎친 데 덮친 격으로 여운형이 암살당하면서 통일 정부를 세우려는 노력도 힘을 잃고 말았단다.

당시만 해도 분단은 상상도 못 할 일이었어.

38도선을 베고 죽어도 분단은 안 돼!

미국은 미·소 공동 위원회를 포기하고 한반도 문제를 유엔(UN, 국제 연합)으로 넘겼어. 유엔은 제2차 세계 대전이 끝나고 많은 나라들이 세계 평화를 위해 힘을 모아 세운 국제 기구야.

유엔에서는 1947년 11월 미국의 바람대로 한반도에서 인구수에 따라 총선거를 하도록 결정했어. 당시 유엔은 미국이 이끌고 있었거든. 소련이 이를 거부하자 1948년 2월, 유엔은 남한만이라도 선거를 실시하라고 했지. 이대로 진행된다면 남한에 단독 정부가 세워질 거고, 북한도 따로 정부를 세울 테니 한반도가 분단될 것은 불을 보듯 뻔했어.

많은 사람들은 남한만의 총선거를 반대했고, 곳곳에서 시위와 봉기가 일어났단다. 특히 제주도에서는 1948년 남한만의 단독 선거에 반대하는 4·3 사건이 일어나서 수만 명의 사람들이 안타깝게도 목숨을 잃었어. 이 참혹한 사건을 기억하기 위해 2008년에 지은 제주4·3평화기념관에 가면 사건 당시의 상황과 진상을 자세히 알아볼 수 있단다.

이처럼 남한만의 총선거를 앞두고 사회가 극도로 혼란스러울 때, 김구와 김규식이 나섰어. 신탁 통치를 반대하며 좌익과 대립하던 김구가 좌우 합작을 주장하던 김규식과 손을 잡고 남북 대화에 나선 거야. 조국의 분단을 막기 위해 북한의 김일성과 김두봉에게 남북 협상을 하자고 제안했지.

당시 김일성과 함께 북한을 이끌던 김두봉은 원래 대한민국 임시

제주4·3평화기념관(왼쪽)과 4·3 사건 당시 심문을 받기 위해 대기 중인 사람들(오른쪽)

정부에서 활동한 민족주의 독립운동가였어. 이후 공산당에 가입하는 등 좌익에 가까워지면서 북한에 자리를 잡았지.

역사적인 남북 협상은 평양에서 열기로 했어. 김구와 김규식은 38도선을 넘어가 김일성, 김두봉과 회담을 했지. 결과는? 아쉽게도 실패. 결국 우리 힘으로 한반도에 통일 정부를 수립하는 것은 좌절되고, 남과 북에 각각의 정부가 들어서게 되었어.

남북 협상이 이루어진 시기가 너무 늦었다는 것도 실패 원인 중 하나야. 남한의 총선거 날짜는 5월 10일이었는데, 평양에서 남북 협상이 열린 때는 4월 19일이었어. 유엔의 결정을 뒤집기에는 시간이 너무 부족했지.

사실 김구는 애초에 여운형이 추진한 좌우 합작 위원회에 반대하는 입장이었어. 이승만의 단독 정부 수립 주장에 공감한 적도 있었지. 그러다 마지막에 마음을 바꿔 "38도선을 베고 쓰러질지언정 단독 정부를 세우는 데는 협력하지 않겠다."라는 말을 남기고 남북 협상을 추진한 거야.

사람들은 김구와 김규식에게 마지막 희망을 걸었지만, 남북 협상은 별다른 성과를 남기지 못하고 말았단다.

 **남한만의 단독 선거가 낳은 또 하나의 비극, 제주 4·3 사건**

1947년 3월 1일 제주도민들은 삼일절 기념집회를 마치고 도처에서 시가 행진을 벌였어. 그런데 이를 구경하던 어린아이가 경찰이 탄 말에 밟혀 크게 다치는 일이 벌어졌어. 경찰이 그냥 가려고 하자 군중들이 항의했고, 이에 경찰이 발포해 6명이 사망했어. 이후 육지에서 경찰과 반공 단체인 서북청년단이 파견되어 시위 군중들을 무자비하게 때리고 부녀자를 겁탈하고 재물을 빼앗았지. 이런 일로 불만이 쌓여 있던 상황에서 남한만의 단독 선거를 한다고 하자, 이를 반대하는 사람들이 들고일어났어. 1948년 4월 3일, 제주도 한라산에 불길이 솟고 총을 든 사람들이 경찰서를 습격했어. 1948년에 시작된 무장 봉기는 6·25 전쟁이 끝난 이후인 1954년까지 계속되었지. 이 봉기를 미군정과 대한민국 정부가 잔인하게 진압하면서 봉기와 상관없는 수만 명의 사람이 억울하게 목숨을 잃었단다. 제주 4·3 사건은 수십 년 동안이나 역사 속에 묻혀 있다가 1990년대에 들어서면서 진실이 밝혀졌어. 제주도민을 비롯해 많은 사람들이 사건의 진상을 조사하고 명예를 회복하고자 노력한 덕분이야.

남북한 따로따로 정부의 탄생

1948년 5월 10일, 드디어 남한에서 총선거가 실시되었어(5·10 총선거). 반만년 우리 역사상 처음으로 사람들이 직접 자신들의 대표자들을 뽑게 되었다는 건 의미가 아주 컸지.

하지만 아쉬운 점도 있었어. 단독 선거를 반대한 좌익 세력과 김구 등의 정치 지도자들이 선거에 참여하지 않았어. 또 단독 선거를 지지하는 이들이 더 많은 사람들을 투표에 참여시키기 위해서 법을 어기고 폭력을 쓰기도 했어.

어쨌든 유엔의 결정에 따라 선거는 치러졌고, 198명의 제헌 국회 의원이 뽑혔단다. '제헌'이란 헌법을 만들고 정한다는 뜻이야. 민주주의 국가를 세우기 위해서는 먼저 헌법을 만들 국회 의원을 뽑아야 했어. 이들이 헌법을 만들면 그 헌법에 따라서 대통령도 뽑고, 정부도 구성하고, 나라를 움직이는 여러 법을 만드는 거란다. 헌법은 최고의 법이자 국가의 밑그림과도 같은 것이지.

5·10 총선거 포스터

우리나라 최초로 민주적 절차에 의해 선출된 국회 의원들은 우리나라의 이름을 대한민국으로 정하였다. 1948년 7월 17일(제헌절), 국회는 헌법을 공포하고 이에 따라 이승만을 초대 대통령으로 선출하였다. 그해 8월 15일에는 광복절을 기념하여 대한민국 정부 수립을 공포하였다.

대한민국이라는 이름은 대한민국 임시 정부를 이어받는다는 의미가 있어. 우리 헌법 역시 대한민국 임시 정부의 임시 헌법을 이어받았지. 또한 우리보다 앞서 만들어진 다른 나라들의 헌법도 참고해서 우리 헌법을 만들었어. 헌법의 내용을 잠깐 살펴볼까?

대한민국 헌법
(시행 1948.7.17. 제정 1948.7.12. 헌법 제1호)

유구한 역사와 전통에 빛나는 우리들 대한 국민은 기미 삼일 운동으로 대한민국을 건립하여 세계에 선포한 위대한 독립 정신을 계승하여 (…) 우리들과 우리들의 자손의 안전과 자유와 행복을 영원히 확보할 것을 결의하고 우리들의 정당 또 자유로이 선거된 대표로서 구성된 국회에서 단기 4281년 7월 12일 이 헌법을 제정한다.

제1조 대한민국은 민주 공화국이다.

제2조 대한민국의 주권은 국민에게 있고 모든 권력은 국민으로부터 나온다.

제3조 대한민국의 국민 되는 요건은 법률로써 정한다.

(…)

헌법을 자세히 보면 사람들이 어떤 나라를 원했는지 알 수 있어. 우리 헌법에는 중요한 기업은 국가가 직접 운영하고, 개인 기업일지라도 이익이 나면 근로자들과 나눠야 한다는 조항까지 있었어. 당시 사람들이 모두가 골고루 잘사는 사회를 원하고 있었다는 것을 알 수 있지.

지금은 대통령을 국민들이 직접 선거로 뽑지만 처음에는 국회에서 뽑았어. 그렇게 국회 의원들이 선출한 대한민국 최초의 대통령이 이승만이야. 선거에 불참한 김구가 2위를 차지한 것도 눈에 띄는 대목이지.

그리고 1948년 8월 15일, 해방이 되고 꼭 3년 만에 대한민국 정부가 세워짐으로써 미군정은 없어지게 되었단다. 비록 반쪽짜리였

대한민국 정부 수립 기념식 모습

지만 우리 역사상 처음으로 민주주의 정부가 수립된 거야.

남한에 대한민국이 세워지자 북한에도 단독 정부가 들어섰어. 그 다음 달에 바로 '최고 인민 회의'를 구성하여 헌법을 만들고, '조선 민주주의 인민 공화국'을 선포했거든. 최고 인민 회의는 남한의 국회와 같은 기관이고, 조선 민주주의 인민 공화국은 나라 이름이야. 대한민국과 조선 민주주의 인민 공화국. 한반도는 두 개의 나라로 나뉘게 된 거야.

친일파 청산? 누구 맘대로!

해방 이후 우리 손으로 처음 세운 정부가 해야 할 일은 산더미처럼 많았어. 미군정 3년(1945년 9월 8일~1948년 8월 15일) 동안 경제는 어렵고 정치는 혼란스러웠거든.

그중에서도 가장 중요하고 급한 일은 친일파 청산과 토지 개혁이었어. 친일파 청산이란 '을사오적'과 같이 나라를 팔아먹은 매국노나 일제에 적극 협력해서 같은 민족을 괴롭힌 친일파들을 공직에서 몰아내고 벌주는 일이야. 해방이 되면 당연히 가장 먼저 했어야 하는 일인데 미군정이 친일파들을 그대로 두는 바람에 국민들의 불만이 아주 많았지.

국회는 대한민국 정부를 수립한 다음 달에 '반민족 행위 처벌법'을 통과시켰어. 그러고는 친일파를 처벌할 반민족 행위 특별 조사 위원회를 만들었지. 줄여서 '반민 특위'라고도 불러.

그런데 이승만 대통령과 정부는 친일파 처벌에 반대했어. 이승만은 대통령이 되는 과정에서 친일파들의 도움을 많이 받았고, 정부에는 여전히 친일파들이 많았거든. 특히 친일파가 많았던 경찰 조직은 이승만에게 충성을 다하고 있었단다. 결국 이승만 대통령의 지시를 받은 친일 경찰이 반민 특위 사무실을 습격하는 일까지 벌어졌어. 이로써 반민 특위는 힘을 잃고, 친일파 청산은 흐지부지되고 말았지.

토지 개혁은 몇몇 지주들이 가진 많은 땅을 나라에서 농민들에게 정해진 원칙에 따라 나누어 주는 개혁 정책이야. 자신이 가진 땅을 남에게 빌려주고 그 대가를 받는 사람을 '지주'라 부르고, 지주의 땅을 빌려 농사짓는 사람을 '소작인'이라고 해. 해방 당시 우리나라의 농토 가운데 약 65퍼센트가 소작지(소작인이 지주에게 빌려 농사를 짓고 소작료를 내는 땅)였단다.

그런데 땅을 빌린 대가로 내는 소작료가 수확량의 절반을 넘어서면서 대다수의 농민들은 도저히 먹고살 수가 없을 지경이었어. 더구나 지주는 소작인들을 마치 하인처럼 부렸어. 소작인들은 자칫 땅을 빌리지도 못하게 될까 봐 꼼짝없이 지주의 뜻을 따라야 했지. 그러니 농민들의 불만이 부글부글 끓어오를 수밖에.

북한에서는 이런 지주들의 땅을 강제로 빼앗아서 농민들에게 공짜로 나누어 주었단다. 남한에서도 토지 개혁은 피할 수 없는 일이었지.

이승만 대통령도 토지 개혁에는 적극적이었어. 당시 자신과 정치적으로 대립하고 있던 지주 세력의 힘을 약하게 할 수 있는 데다가 국민 대다수를 차지하던 농민들의 지지를 얻는 길이었으니까. 많은 논란 끝에 남한에서도 토지 개혁이 실시되었어. 북한처럼 지주의 땅을 빼앗는 것이 아니라 나라에서 강제로 사서 농민들에게 되파는 방식이었지. 하지만 토지 개혁 후에도 여전히 농민들의 생활은 힘들었고, 사회도 정치도 불안했단다.

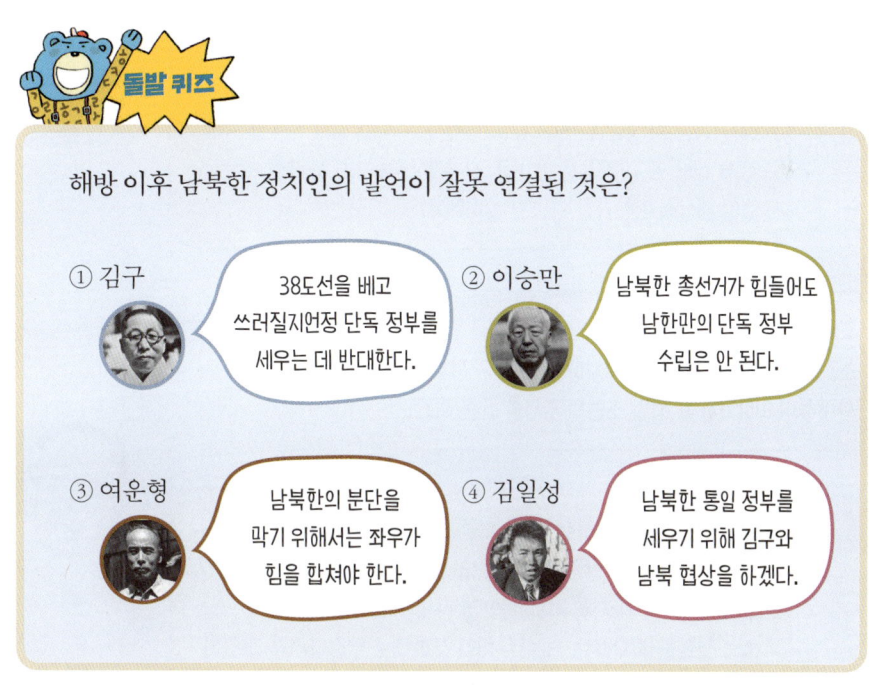

돌발 퀴즈

해방 이후 남북한 정치인의 발언이 잘못 연결된 것은?

① 김구: 38도선을 베고 쓰러질지언정 단독 정부를 세우는 데 반대한다.
② 이승만: 남북한 총선거가 힘들어도 남한만의 단독 정부 수립은 안 된다.
③ 여운형: 남북한의 분단을 막기 위해서는 좌우가 힘을 합쳐야 한다.
④ 김일성: 남북한 통일 정부를 세우기 위해 김구와 남북 협상을 하겠다.

정답 | ②번. 이승만은 단독 정부 수립을 주장했어.

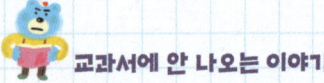

가상 토론! 반탁이냐, 찬탁이냐?

해방된 우리나라를 이끌던 여운형과 김구는 신탁 통치에 대한 생각이 달랐어. 김구는 끝까지 신탁 통치 반대 시위를 이끌었고, 여운형은 신탁 통치를 찬성했다는 이유로 암살당하고 말았으니까. 이들의 생각을 가상 토론을 통해 알아보자.

해방된 우리나라를 모스크바 3국 외상 회의에서 신탁 통치하기로 결정한 후, 좌우가 더욱 분열되었는데요….

이건 도무지 토론할 가치가 없는 문제요. 35년 동안 일제의 지배를 받은 것도 억울한데, 다시 다른 나라의 통치를 받는다니, 도대체 말이 되오?

물론 저도 선생과 마음은 같습니다. 하지만 현실을 냉정하게 바라봐야 해요. 전쟁에 승리한 연합국들이 원하는 신탁 통치를 피해 가기는 사실상 힘듭니다. 그 대신 민주적인 임시 정부를 수립해서 신탁 통치 기간을 줄이고, 하루빨리 독립된 나라를 세우는 것이 현실적으로 가장 현명한 길이에요.

그러는 여운형 선생도 처음에는 신탁 통치를 반대했잖소? 이제 와서 신탁 통치를 지지하는 건 무슨 까닭이오? 사람들이 이야기하듯 정말 소련의 지시를 받은 거요?

무슨 그런 말씀을 하십니까? 처음에는 모스크바 3국 외상 회의 결과를 제대로 몰랐기 때문이었습니다. 거짓 보도가 있었으니까요. 저는 신탁 통치를 지지하는 게 아닙니다. 모스크바 3국 외상 회의 결과를 지지하는 거예요. 회의 결과대로 우리나라를 대표하는 민주적인 임시 정부를 수립한다면 분단도 막고 독립도 이룰 수 있을 겁니다.

아니, 우리나라에는 이미 대한민국 임시 정부가 있잖소? 이제 와서 무슨 또 다른 임시 정부가 필요하단 말이오?

물론 대한민국 임시 정부가 우리나라의 독립을 위해 애썼다는 것을 압니다. 하지만 연합국들이 대한민국 임시 정부를 인정하지 않아요. 그러니 그들이 인정하는 임시 정부를 만들어서 적극적으로 협상에 나서야 합니다. 선생은 반탁 시위를 통해 대한민국 임시 정부가 인정받기를 원하시겠지만, 그러면 오히려 우리나라의 독립이 더욱 늦어질 수 있습니다.

나는 우리나라의 독립을 위해 평생을 바쳤소. 내 눈에 흙이 들어가기 전에 신탁 통치는 안 되오!

몇 년의 신탁 통치보다 더 두려운 것은 우리나라가 영원히 남북으로 갈리는 것입니다. 이대로 가다가는 그렇게 되기가 쉬워요!

토론의 열기가 너무 뜨거워진 것 같습니다. 결론이 잘 안 날 것 같아요….

내 평생 소원이 첫째도 대한 독립, 둘째도 우리나라의 독립, 셋째도 우리나라 대한의 완전한 자주독립이오.

제 말씀이 그 말씀입니다!

여운형　　　김구

 역사 현장 탐사

지금도 남아 있는 그날의 흔적, 경교장

김구

김구(1876~1949년)는 많은 사람들이 우리나라 역사에서 존경하는 인물 중 한 분으로 손꼽는 분이야. 독립운동에 평생을 바치고 남북 분단을 막기 위해 마지막까지 노력을 다하다 암살범의 총탄에 쓰러진 분이니까 말이야.

중국에서 대한민국 임시 정부를 이끌던 김구가 해방된 조국으로 돌아와 머문 곳이 바로 경교장이야. 이곳에서 김구는 남북한 통일 정부 수립을 위해 온 힘을 쏟다가, 육군 장교 안두희에게 암살당하고 말았어. 2층 집무실에는 지금도 총알 자국이 선명한 유리창을 볼 수 있단다.

이곳은 원래 일제 강점기에 금광으로 큰돈을 번 최창학이라는 사람의 별장이었대. 이름도 경교장이 아니라 '죽첨장'이었다는구나. 최창학은 해방 이후 중국에서 귀국을 준비하던 김구에게 이 죽첨장을 내놓았어. 아마도 일제 말기에 거액의 군자금을 일본군에 바친 것이 양심에 걸렸기 때문일지도 몰라. 아무튼 이때부터 경교장은 김구의 숙소이자 대한민국 임시 정부의 청사로 사용되었지.

경교장

김구의 시계(왼쪽)와 윤봉길의 시계(오른쪽)

김구(왼쪽)와 윤봉길(오른쪽)

그러다 김구가 세상을 떠나고 주인을 잃은 경교장은 대만과 월남 대사관의 건물이 되었어. 월남이 어디냐고? 베트남이 우리처럼 남북으로 나뉘어 있던 시절의 남베트남을 부르던 이름이야. 이후 이곳에 병원이 들어서고 나서는 의사 휴게실로 쓰이다가 최근에 복원되어 옛 모습을 되찾게 되었단다. 흉탄에 목숨을 잃은 주인의 운명만큼이나 험난한 세월을 돌아와 제 모습을 찾게 된 셈이지.

1층에는 김구가 손님을 맞거나 임시 정부 사람들이 회의를 하던 응접실과 귀빈 식당이 있어. 귀빈 식당은 김구의 장례식장으로도 사용되었어. 지하 전시실에는 사망 당시 그가 입었던 피 묻은 옷이 전시되어 있어. 장례식 사진을 실은 외국 잡지도 보이고. 그 옆에는 윤봉길 의사의 시계가 보여. 상하이 훙커우 공원에 폭탄을 던지러 가기 전, 마지막으로 김구를 만난 윤봉길 의사는 김구에게 시계를 바꾸자고 했대. 자신은 곧 죽을 목숨이니 이렇게 좋은 시계가 필요 없다면서 말이야. 그날 윤봉길 의사와 시계를 바꾸면서 김구는 "훗날 지하에서 만납시다."라고 말했어. 그래서일까? 윤봉길 의사와 김구의 무덤은 모두 서울 효창공원에 있단다.

:: 알아 두기 ::

가는 길 지하철 5호선 서대문역 4번 출구에서 걸으면 5분, 2호선 시청역 2번 출구에서는 10분.

관람 소요 시간 약 30분.

휴관일 매주 월요일.

추천 코스 1층 응접실과 귀빈 식당을 보고 2층 집무실을 둘러본 뒤, 지하 전시실에서 마무리.

1950년	6·25 전쟁이 일어나다
1953년	휴전 협정을 맺다
1960년	3·15 부정 선거를 계기로 4·19 혁명이 일어나다
1961년	5·16 군사 정변이 일어나다
1962년	경제 개발 5개년 계획이 추진되다
1965년	한일 기본 조약을 맺다
1970년	새마을 운동이 시작되다 전태일이 숨지다
1972년	유신 체제가 시작되다
1978년	제2차 석유 파동이 일어나다
1979년	10·26 사건으로 박정희 대통령이 서거하다

2부

전쟁을 딛고 일어서다

4교시 | 한반도를 뒤덮은 전쟁의 불길_ 거제도 포로수용소 유적공원

5교시 | 고달파라, 모진 전쟁살이!_ 부산 40계단 문화관광테마거리

6교시 | 못 살겠다, 갈아 보자! 4·19 혁명_ 국립 4·19 민주 묘지

7교시 | 경제는 살리고 민주주의는 죽이고_ 대한민국역사박물관, 청계천

4교시
한반도를 뒤덮은 전쟁의 불길

남북의 분단은 결국 최악의 결과를 가져왔어. 전쟁이 일어난 거야. 1950년 6월 25일에 일어난 전쟁은 3년이나 계속되면서 한반도 전체를 비극으로 몰아갔단다. 도대체 전쟁은 왜 일어난 걸까? 어떻게 진행되었을까? 다시는 전쟁이라는 비극을 겪지 않기 위해서라도 우리는 6·25 전쟁에 대해서 자세히 알아야만 해.

이곳은 우리나라에서 두 번째로 큰 섬, 거제도야. 그럼 가장 큰 섬은 어디일까? 당연히 제주도지! 그렇다면 세 번째는? 진돗개로 유명한 진도란다.

거제도까지 온 이유는 6·25 전쟁 당시 이곳에 포로수용소가 있었기 때문이야. 6·25 전쟁이 일어난 이듬해에 세워진 거제도 포로수용소에는 한때 17만 명의 전쟁 포로가 있었대. 거제도에 포로수용소를 만든 것은 이곳이 물이 풍부한 섬이기 때문이었어. 또한 사방이 바다로 막혀 탈출이 쉽지 않았고. 지금은 섬과 육지가 다리로 연결되어 있지만, 그때는 다리가 없었거든.

6·25 전쟁이 일어난 지 수십 년이 지났지만 이곳에는 전쟁 포로를 감시하던 경비대의 막사와 경비 대장이 일하던 방 등이 지금도

남아 있어. 이런 유적들을 중심으로 전쟁의 모습을 생생히 알 수 있는 다양한 전시물을 더해 '거제도 포로수용소 유적공원'이 만들어졌단다.

유적공원 입구에 들어서면 거대한 탱크가 눈에 띄어. 이건 북한군의 소련제 탱크 모형을 크게 만든 거야. '탱크전시관' 안으로 들어가니 가파른 에스컬레이터 양쪽으로 6·25 전쟁의 주역들이 우리를 맞아 주는구나. 오른쪽에는 이승만 대통령을 선두로 대한민국과 미국 측 인물들이 줄지어 있고, 왼쪽에는 김일성을 비롯해서 소련과 중국 측 사람들이 서 있어. 마치 그때 그 현장 속으로 시간 여행을 떠나는 것 같아.

탱크전시관

전쟁의 시작, 비극의 시작

탱크 전시관을 나와 조금 걸어가면 소련제 탱크를 몰고 38도선 철조망을 넘는 북한군의 모습이 보여. 북한군이 38도선을 뚫고 기습 공격을 시작한 시간은 새벽 4시 40분경. 대한민국 국민 대부분은 깊은 잠에 빠져 있었지.

📖 북한은 1948년 미국과 소련이 한반도에서 물러가자 소련의 도움을 받아 무력으로 통일을 이루려고 전쟁을 준비해 왔다. 1950년 6월 25일, 북한은 38도선을 넘어서 불시에 우리나라에 쳐들어왔다. 전쟁이 시작된 지 3일 만에 서울을 빼앗긴 정부는 부산으로 피란을 갔다.

38도선을 넘는 북한군의 모습을 재현한 모형

아무리 기습적으로 쳐들어왔다고 해도 그렇지, 전쟁이 일어난 지 3일 만에 서울을 빼앗긴 것은 너무한 것 아니냐고? 달리 생각해 보면 그만큼 북한의 준비는 철저했고 남한의 대비는 형편없었다는 이야기가 되지.

북한의 김일성은 일찍부터 전쟁을 통해 남한을 정복하고 통일을 이룰 마음을 먹었어. 안으로는 전쟁 준비에 힘쓰면서 밖으로는 소련과 중국에 도움을 요청했지. 처음에는 미국 때문에 망설이던 소련도 북한을 도와주기로 했어. 때마침 남한에 있던 미군이 철수했거든. 같은 해(1949년)에 중국이 공산주의 국가가 된 것도 소련의 결심을 부추겼어. 제2차 세계 대전 후 중국은 나라 안에서 국민당과

공산당으로 나뉘어 싸움을 했는데, 공산당이 승리해 중화 인민 공화국이 세워졌거든. 그 덕분에 소련이 북한을 도울 때 중국도 힘을 보탤 수 있게 된 거야. 또한 그 무렵 소련은 미국에 이어 세계에서 두 번째로 원자 폭탄 개발에 성공했단다.

당시 북한의 군대는 남한보다 강했을 뿐 아니라 소련에서 탱크와 전투기 등을 지원받았어. 이렇게 전쟁 준비를 모두 마치고는 평화 통일을 위한 남북한 총선거를 제안했지. 남한을 헷갈리게 만들기 위해 작전을 쓴 거야.

남한은 전쟁 준비를 전혀 하지 않았어. 그렇다면 평화 통일을 주장했느냐고? 사실 그 반대였어. 이승만 대통령은 입만 열면 북한을 공격해 통일을 이루겠다고 말하면서도 실질적인 준비는 거의 하지 않았단다. 미군도 한국군을 도와주는 군사 고문단 500여 명만 남기고는 남한에서 모두 철수한 상태였어. 북한군이 단 3일 만에 서울을 점령한 건 어찌 보면 당연한 일이었어.

전쟁이 일어나자 이승만 대통령과 장관들, 고급 관리들, 군인들과 경찰들은 재빨리 서울을 빠져나갔어. 하지만 많은 시민들은 서울에 남아 있었지. 이승만 대통령이 라디오 방송을 통해 "우리 국군이 적을 물리치고 있고 정부와 국회도 서울을 지킬 것이니, 국민들은 흔들리지 말고 직장을 지켜라."라고 말했거든.

하지만 이 방송이 나갈 무렵 이승만 대통령은 이미 대전으로 피란 가 있었단다. 물론 전쟁 중에 대통령이 피란한 것을 두고 뭐라고 할 수는 없어. 국가가 위기에 처할수록 대통령이 꼭 필요한 법이니까 말이야. 하지만 국민들에게 거짓말을 했다는 것은 이해하기 힘들어. 더구나 거짓말 때문에 수많은 사람들이 피해를 입었다면 말이지.

그 이튿날 새벽에는 더 어처구니없는 일이 벌어졌어. 전쟁을 피해 남쪽으로 피란을 가는 사람들이 가득한 한강 다리를 국군이 폭파해 버린 거야. 북한군이 이 다리를 건널 것을 염려해 미리 없애 버린 거였어. 이 일로 수많은 사람들이 목숨을 잃었어.

38도선을 넘는 북한군의 모습을 재현한 모형을 지나면 부서진 다리를 건너는 사람들의 모습이 보여. 이건 한강 다리가 아니라 대동강 철교의 모습인데, 아마 한강 다리도 이와 비슷했을 거야.

파괴된 대동강 철교를 건너는 피란민들 모형

성공 확률 5,000분의 1, 인천 상륙 작전

이러다가 대한민국이 영영 사라져 버리는 것은 아닐까? 다행히 그런 일은 일어나지 않았어. 북한과 소련의 예상을 깨고, 미국이 재빨리 전쟁에 끼어들었거든. 미국은 전쟁이 일어난 날 바로 한반도에 군대를 보내기로 결정했어. 이틀 뒤에는 '유엔 안전 보장 이사회'를 열어서 16개 나라의 군인으로 이루어진 유엔군(국제 연합군)을 보내기로 했고. 유엔 안전 보장 이사회란 나라 사이의 다툼을 해결하기 위해 만든 유엔의 기관이야. 물론 유엔군의 핵심은 미군이었어. 그리고 이튿날부터 한강 북쪽에 미군의 폭격이 시작되었단다.

유엔군이 전쟁에 참여했지만 북한군의 기세는 꺾일 줄 몰랐어. 북한군은 미군과의 첫 전투에서 승리하고 대전, 전주, 광주, 여수까지 손에 넣었지. 북한군이 어떻게 그렇게 세냐고? 무기도 무기지만 중국의 내전을 경험한 군인들이 많은 것도 한몫했어. 중국 땅에서 독립운동을 하던 우리나라 사람들 중에는 중국 공산당을 도와 국민당과 싸운 사람도 많았거든. 공산당이 승리한 뒤 이들은 북한으로 돌아가 군대를 이루었단다.

전쟁 시작 한 달 만에 북한군은 낙동강 남쪽의 부산과 일부 지역만을 남긴 채 남한 지역 전체를 차지하게 되었어. 아까 본 대동강 철교 모형 옆의 '6·25 역사관' 안에는 낙동강을 사이에 두고 남북이 싸우고 있는 상황을 나타낸 '낙동강 전선 방어'라는 이름의 지도가 있어. 정말 북한군이 한반도 전체를 집어삼킬 듯한 모습이야.

역전의 실마리는 낙동강 전선에서 시작되었어. 처음에 북한군을

인천 자유공원의 맥아더 장군 동상

얕보았던 미군이 제대로 싸우기 시작했고, 밀리기만 하던 국군도 목숨 걸고 싸웠지. 승리를 거두는 전투가 조금씩 많아지면서 낙동강 전선을 뚫고 올라가는 일도 생겼어. 그렇게 치열한 전투를 거듭하던 1950년 9월 15일, 유엔군 사령관 맥아더 장군은 인천 상륙 작전을 감행했어. 바다를 통해 들어와 인천을 점령함으로써 북한군의 허리를 끊은 거야. 사실 이 작전은 반대하는 사람들이 많았다고 해. 밀물과 썰물의 차이가 큰 인천은 큰 배가 들어가기 어려워 성공 확률이 5,000분의 1에 불과하다는 주장이 있을 정도였지. 하지만 맥아더는 밀어붙였고 전세는 단숨에 역전되었단다. 덕분에 국군과 유엔군은 서울을 되찾을 수 있었어.

중국군의 참전, 또 한 번의 역전

 서울을 되찾은 국군과 국제 연합군은 38도선을 넘어 공격해 갔다. 압록강에 이르러 통일을 목전에 두었다. 그러나 중국군이 북한을 도와 전쟁에 뛰어들자 국군과 국제 연합군은 후퇴할 수밖에 없었다.

인천 상륙 작전 이후로는 국군과 유엔군의 승리가 이어졌어.

1950년 9월 28일, 서울을 되찾은(9·28 서울 수복) 국군은 38도선을 넘어 평양을 점령하고 중국과의 국경선인 압록강에 이르렀지. 압록강의 물을 물통에 담아 이승만 대통령에게 보낼 때까지만 해도 통일은 눈앞에 다가온 듯 보였어.

하지만 곧 통일은 저 멀리 달아나 버렸단다. 1950년 10월, 중국군이 압록강을 건너 한반도로 들어왔거든. 이제 6·25 전쟁은 미군과 중국군의 대결이 되고 말았어. 불행히도 전쟁터는 한반도였고, 그 피해 또한 고스란히 우리 몫이 될 수밖에 없었어.

사실 중국은 이전부터 미군이 38도선을 넘어올 경우 군대를 보내겠다고 경고했었어. 엄청난 수의 중국군이 몰려오자 국군과 유엔군은 밀리기 시작했어. 북쪽으로 멀리 올라와서 물자 보급이 제대로 이루어지지 않았는데, 추위까지 닥치자 상황은 더욱 불리해졌지. 국군과 유엔군은 결국 평양을 버리고 후퇴를 거듭하다가 급기야 서울까지 다시 빼앗기고 말았어. 이 과정에서 한꺼번에 많은 사람들이 또다시 남쪽으로 피란을 가느라 피해가 커졌단다.

거제도 포로수용소 유적공원에는 이때의 상황을 알려 주는 조형물인 '흥남 철수 작전 기념비'가 있어. 1교시 때 대한민국역사박물관에서 봤던 흥남 철수 장면이 배 안의 상황이었다면, 이 기념비에는

흥남 철수 작전 기념비

목숨을 걸고 배 위로 기어오르는 사람들의 모습이 표현되어 있구나.

이처럼 많은 사람들이 한꺼번에 피란길에 나선 데에는 또 다른 이유가 있었어. 미국이 북한에 원자 폭탄을 떨어뜨릴지도 모른다는 소문이 퍼졌거든. 실제로 맥아더 장군은 유엔군이 중국군에게 밀리자 원자 폭탄을 사용할 것을 강력히 주장했다가 유엔군 사령관 자리에서 물러나게 되었어. 원자 폭탄을 사용하면 제3차 세계 대전이 벌어질지도 모른다는 걱정으로 실행에 옮기지는 못했지. 천만다행이었어. 만약 북한에 원자 폭탄이 떨어졌다면? 생각만 해도 아찔하구나.

톱질 같은 전쟁이 키운 피해

6·25 전쟁은 '톱질 전쟁'이라고 불리기도 해. 북한과 남한이 마치 톱질을 하듯이 아래위로 왔다 갔다 했으니까. 처음에는 북한군이 낙동강까지 물밀듯이 내려왔다가, 인천 상륙 작전을 계기로 국군과 유엔군이 중국과 북한의 국경까지 올라가고, 다시 중국군이 참전하면서 국군과 유엔군은 충청도 지역까지 밀렸지. 불행히도 이 과정에서 사람들의 피해는 더욱 커졌단다. 한반도 전체가 전쟁터가 되었을 뿐 아니라 도망갔던 군대가 돌아오면서 적군에 협력한 사람들에게 보복하는 경우가 많았거든.

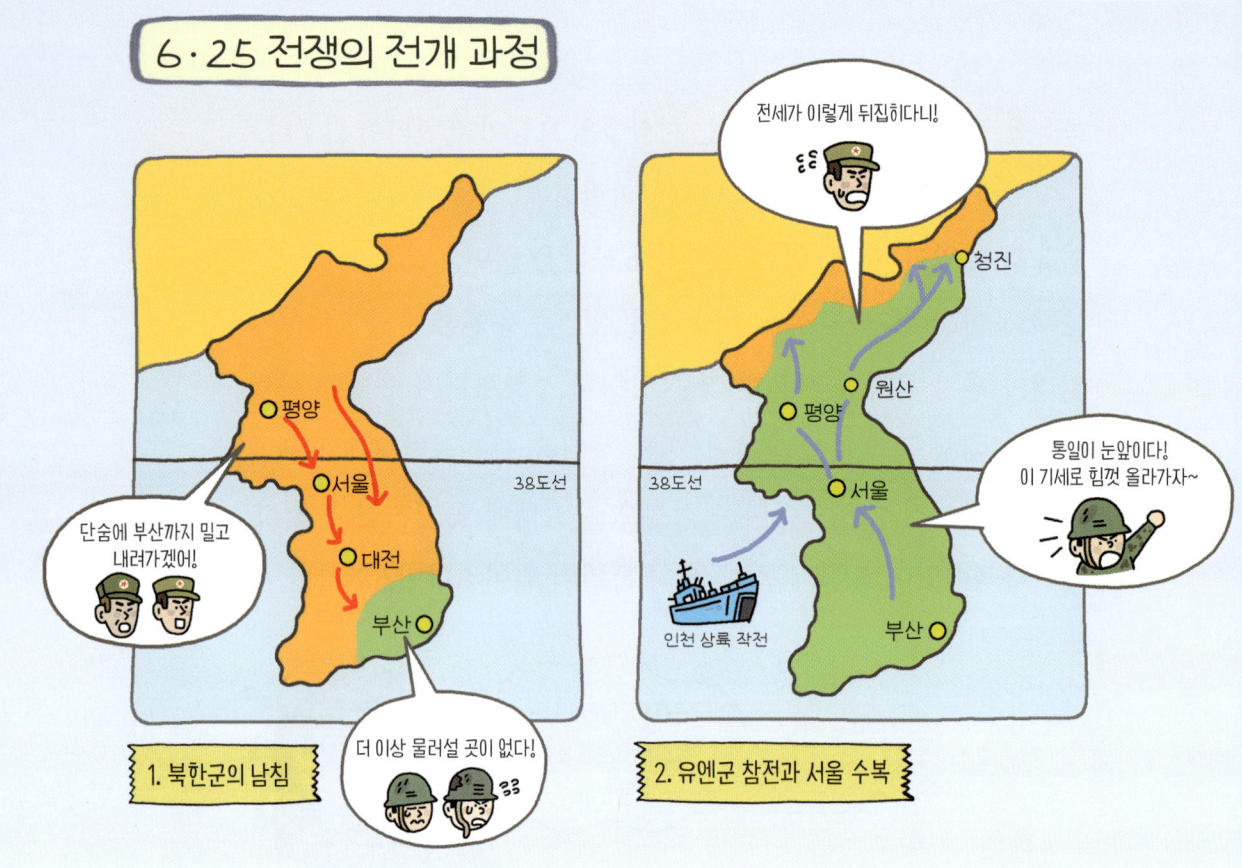

거제도 포로수용소는 또 하나의 전쟁터

중국군에 밀리기만 하던 국군과 유엔군은 반격에 성공해서 다시 서울을 되찾았어. 하지만 지난번처럼 38도선 너머까지 올라갈 수는 없었어. 그 대신 38도선 부근에서 밀고 밀리는 치열한 싸움을 거듭했지. 이렇게 몇 달이 지나자 유엔군과 북한군, 중국군은 전쟁을 멈추기 위한 회담을 하기로 했어. 더 이상 승패가 나기 힘든 상황에서 휴전 회담이 시작된 거야. 이때가 1951년 7월 10일. 전쟁이 시작되고 1년여 만의 일이야.

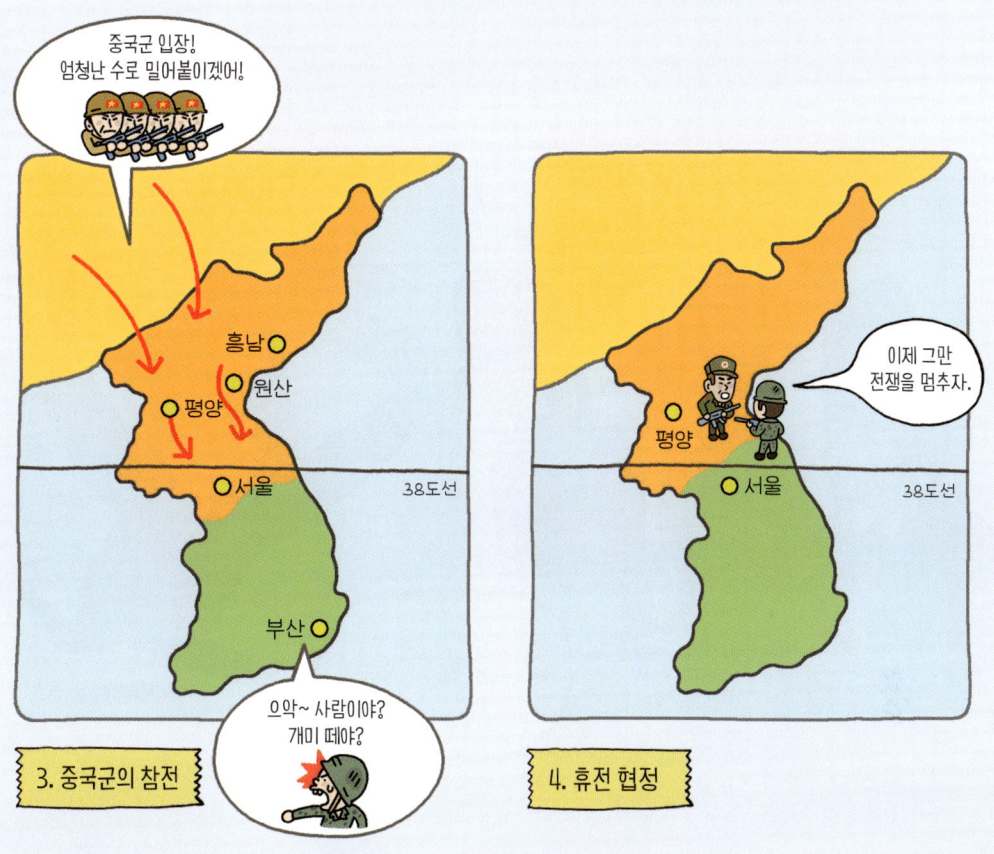

📖 후퇴하던 국군과 국제 연합군은 38도선 부근에서 북한군, 중국군과 치열한 전투를 벌였다. 국제 연합군은 우리나라의 반대에도 불구하고 북한과 휴전 협상을 하였다. 결국 1953년 7월 27일, 남과 북에 휴전선을 정하여 전쟁을 멈추기로 약속하는 휴전 협정을 맺었다.

그런데 왜 우리나라는 휴전 회담에 반대했던 것일까? 이승만 대통령은 이번 기회에 북한 땅을 점령해서 통일을 이루길 바랐어. 하지만 이건 현실적으로 불가능했지.

　휴전을 반대한 현실적인 이유도 있었어. 이승만 대통령의 인기가 땅에 떨어졌거든. 전쟁이 일어나자 국민들에게 거짓말하고 자기만 피란을 갔으니 당연한 일이었지. 그래서 권력을 계속 유지하기 위해서는 전쟁이 계속되어야 했어. 전쟁을 핑계로 정치권력을 자기 마음대로 주무를 수 있었으니까 말이야.

　이승만 대통령은 전쟁 이후에도 미국이 남한을 지켜 주길 바랐어. 그래야 북한이 다시 쳐들어오지 않을 거라고 생각했거든. 6·25 전쟁을 통해서 우리 힘만으로 북한과 싸우기는 힘들다는 것을 확실히 알게 되었으니까. 휴전을 하려면 미국이 대한민국을 지켜 준다는 약속을 확실히 하라고 요구했지. 결국 휴전 협정을 맺은 다음에 남한과 미국은 서로를 지켜 준다는 조약을 맺게 된단다.

휴전 회담을 시작한 때가 1951년 7월인데, 실제로 휴전 협정을 맺은 때는 1953년 7월. 그러니까 2년이 넘게 회담이 진행되었어.

휴전 회담은 왜 이렇게 오래 걸렸을까? 다른 문제들도 있었지만, 무엇보다 포로 교환 문제가 걸림돌이 되었어. 보통 전쟁을 멈추면 전쟁 포로들은 모두 고향으로 돌려보내기 마련인데, 6·25 전쟁에서는 이것이 쉽지 않았어. 북한 군대에는 남한 사람들이, 남한 군대에는 북한 사람들이 많았는데, 북한 사람이라도 공산주의를 싫어하는 사람들은 남한 땅에 남고 싶어 했어. 이 문제를 어떻게 처리할지를 두고 1년 6개월이나 시간을 끌다가 결국에는 포로 본인의 뜻에 따라 남거나 가도록 했지.

그런데 이 과정에서 포로들 간의 갈등이 깊어져 많은 사람들이 목숨을 잃기도 했단다. 북한으로 돌아가겠다는 포로들과 남한에 남겠다는 포로들이 서로 싸웠거든. 여기에 한 명의 포로라도 더 차지하려는 남한과 북한의 정부가 끼어들면서 싸움은 더욱 치열해졌어. 거제도 포로수용소에서 또 하나의 전쟁이 벌어진 셈이야.

거제도 포로수용소 유적공원에는 '포로설득관'이라는 이름의 철모 모양으로 생긴 자그마한 건물이 있어. 이곳은 어느 쪽으로 갈지 아직 최종 결론을 못 내린 포로들을 남북 양측이 설득하기 위해 마련한 장소야.

그런데 이승만 대통령은 이런 설득 작업에 반대했어. 그러고는 남한에 남기를 원한 반공 포로들을 유엔군의 허락 없이 석방해 버

거제도 포로수용소에서 진행된 포로 송환 1. 유엔군 2. 심사를 받기 위해 앉아 있는 포로들 3. 심사를 받고 옮겨지는 포로 4. 환영의 문으로 들어가는 반공 포로들

렸지. 우리 포로를 석방하는데 왜 유엔군의 허락을 받아야 하느냐고? 전쟁 직후 이승만 대통령은 대한민국 군대의 지휘권을 유엔군 사령관에게 넘겼거든. 그래서 반공 포로를 마음대로 석방한 일 때문에 휴전 회담이 중단되기도 했단다.

이후 유엔군의 노력으로 휴전 회담은 다시 시작되었고, 마침내 1953년 7월 27일, 유엔군과 북한군·중국군은 휴전 협정을 맺고 전쟁을 중단하게 되었어.

 **돌발 퀴즈**

6·25 전쟁 과정에서 일어난 사건을 바른 순서대로 연결한 것은?

㉠ 북한의 남한 침략	㉡ 인천 상륙 작전
㉢ 서울 함락	㉣ 낙동강 전선 방어
㉤ 중국군 참전	㉥ 서울 수복
㉦ 휴전 협상	㉧ 휴전 협정 체결

① ㉠-㉢-㉣-㉡-㉥-㉤-㉦-㉧　② ㉠-㉤-㉢-㉣-㉡-㉥-㉦-㉧
③ ㉠-㉢-㉡-㉣-㉧-㉥-㉦　④ ㉠-㉢-㉥-㉣-㉤-㉡-㉦-㉧

정답 | ①번. 1950년 6월 25일 북한의 기습 남침, 1950년 6월 27일 서울 함락, 1950년 8월 낙동강 전선 방어, 1950년 9월 15일 인천 상륙 작전, 1950년 9월 28일 서울 수복, 1950년 10월 19일 중국군 참전, 1951년 7월 10일 휴전 회담 시작, 1953년 7월 27일 휴전 협정 체결.

평화의 소중함을 깨닫다, 거제도 포로수용소 유적공원

지금까지 거제도 포로수용소 유적공원을 제법 둘러보긴 했지만, 아직 이곳에는 볼 것들이 많아. 먼저 탱크전시관을 지나면 바로 나오는 디오라마관부터 보자. '디오라마'란 현실의 한 장면을 배경막과 모형, 조명을 이용해 재현해 놓은 거야. 이곳에서는 거제도 포로수용소의 당시 모습을 마치 영화 속 한 장면처럼 생생히 볼 수 있어. 언뜻 봐도 그 규모가 어마어마해.

포로들의 일상생활을 좀 더 자세히 보고 싶다면 포로생활관에 가 봐야 해. 여기에서는 자기들끼리 규칙을 정하고 생활했던 포로들의 일상을 사진, 모형, 동영상 등을 통해 구체적으로 살펴볼 수 있단다. 그런데 어떻게 포로들끼리 규칙을 정했느냐고? 전쟁 포로에 대한 보호, 포로의 권리 등의 내용을 담은 국제 협약인 '제네바 조약'에 따르면 포로들은 자치적으로 생활할 수 있었거든.

포로생활관에서 조금 더 가면 포로폭동체험관이 나와. 1952년 5월에 수용소 안의 포로들이 수용소 사령관인 미국 도드 장군을 납치해서 감금해 버린 거야. 포로들이 불편을 호소하며 요청한 면담을 도드 장군이 받아들이면서 납치 사건이 시작되었지. 사실 거제도 포로수용소는 시설에 비해 너무 많은 포로들을 수용해서 생활에 문제가 많았거든. 결국 포로들의 요구 조건을 받아들이고 도드 장군을 구출한 미군은 대대적인 보복 공격을 해서 수십 명의 포로들이 죽임을 당했단다. 그런데 이 사건이 일어난 원인에는 친공 포로와 반공 포

로 간의 갈등도 있었단다. 장군의 납치를 주도한 것은 친공 포로들이었고, 이들은 포로들을 무조건 북한으로 보낼 것을 요구했어. 포로들의 충돌은 때때로 폭력 사태로 번져서 미군이 총을 쏴 진압하는 일까지 벌어지기도 했지. 이 모든 일이 같은 민족끼리 전쟁을 벌이면서 생긴 비극이었어.

거제도 포로수용소 유적공원 옆에는 평화파크가 나란히 붙어 있어. 전쟁의 비극과 평화의 가치를 알려 주는 공간이지. 어린이평화정원에서 평화를 상징하는 전시물들을 살펴보고, 평화 수호대가 되어 세계 곳곳의 전쟁 무기를 없애는 게임도 할 수 있단다. 전쟁의 현장을 본 사람이라면 평화가 얼마나 소중한지 확실히 느낄 수 있을 거야.

디오라마관(위)과 야외 막사 모형(아래)

:: 알아 두기 ::
가는 길 거제도 시외버스터미널(고현버스터미널)에서 버스를 타고 15분이면 거제도 포로수용소 유적공원 도착.

관람 소요 시간 약 2시간.

휴관일 매월 4번째 월요일, 설날·추석날 당일.

추천 코스 탱크전시관을 시작으로 거제도 포로수용소 유적공원을 둘러본 후, 평화파크 산책.

5교시

고달파라, 모진 전쟁살이!

로 간의 갈등도 있었단다. 장군의 납치를 주도한 것은 친공 포로들이었고, 이들은 포로들을 무조건 북한으로 보낼 것을 요구했어. 포로들의 충돌은 때때로 폭력 사태로 번져서 미군이 총을 쏴 진압하는 일까지 벌어지기도 했지. 이 모든 일이 같은 민족끼리 전쟁을 벌이면서 생긴 비극이었어.

거제도 포로수용소 유적공원 옆에는 평화파크가 나란히 붙어 있어. 전쟁의 비극과 평화의 가치를 알려 주는 공간이지. 어린이평화정원에서 평화를 상징하는 전시물들을 살펴보고, 평화 수호대가 되어 세계 곳곳의 전쟁 무기를 없애는 게임도 할 수 있단다. 전쟁의 현장을 본 사람이라면 평화가 얼마나 소중한지 확실히 느낄 수 있을 거야.

디오라마관(위)과 야외 막사 모형(아래)

:: 알아 두기 ::
가는 길 거제도 시외버스터미널(고현버스터미널)에서 버스를 타고 15분이면 거제도 포로수용소 유적공원 도착.
관람 소요 시간 약 2시간.
휴관일 매월 4번째 월요일, 설날·추석날 당일.
추천 코스 탱크전시관을 시작으로 거제도 포로수용소 유적공원을 둘러본 후, 평화파크 산책.

5교시
고달파라, 모진 전쟁살이!

> 전쟁이 계속되는 동안 사람들의 시련도 이어졌어. 많은 사람들이 집과 고향을 떠나 낯선 땅에서 피란민으로 살아야 했지. 전쟁의 불길은 아이든 노인이든 가리지 않았어. 한 지역을 국군과 북한군이 번갈아 점령하면서 수많은 사람이 죽거나 다쳤고, 군인들이 아무 죄 없는 사람을 무참히 죽이는 일도 벌어졌단다.

'부산' 하면 뭐가 떠오르니? 여름이면 사람들로 빼곡한 해운대 해수욕장? 세계적인 영화배우들이 모이는 부산국제영화제나 5권에서 살펴본 부산근대역사관이 떠오를지도 모르겠구나.

부산은 6·25 전쟁 기간 동안 대한민국의 임시 수도였어. 먼저 도착한 이승만 대통령과 정부를 따라 수많은 피란민들이 부산으로 몰려들었어. 그러니 살 집도, 마실 물도, 먹을 것도 턱없이 부족했지. 사람들은 산비탈에 나무판자로 얼기설기 집을 짓고 살기 시작했단다.

이곳은 부산 중구에 있는 '40계단'이야. 6·25 전쟁 때 이곳을 중심으로 피란민의 판잣집들이 몰려 있었지. 차가 다니는 길에서 판잣집 동네까지 가려면 가파른 계단을 40개나 올라야 했어. 그래서

"힘들고 어려워도 우리에게는 낭만이 필요해, 그럼."

40계단이란 이름으로 알려진 거야. 그런데 40계단이 유명해지면서 이곳은 피란길에 헤어진 가족을 다시 만나는 장소가 되었대.

피란민이 사라진 지금은 '40계단 문화관광테마거리'로 조성되어 부산을 찾는 관광객들을 맞이하고 있단다. 계단 가운데에는 아코디언을 연주하는 거리의 악사 조각상이, 계단 아래에는 물동이를 이고 가는 소녀와 지친 몸을 쉬고 있는 지게꾼 조각상이 보이는구나. 산비탈 판잣집에는 수도 시설이 안 갖춰져 있어서 사람들은 물을 이고 지고 날라야 했어. 이 일은 주로 어린아이들의 몫이었지. 많은 사람들이 한꺼번에 몰리다 보니 일자리도 부족했어. 그래서 지게로 짐을 나르고 품삯을 받는 일꾼도

"뿌기야, 흘리지 말고 조심조심!"

"어휴, 언제 일거리가 생기려나?"

늘어났단다. 하지만 언제나 일거리가 부족해 굶기 일쑤였어. 그래도 전쟁을 피해 부산까지 무사히 왔다는 것만으로도 감사할 일이었지. 수많은 사람들이 피란길에 죽거나 다쳤거든.

폭격은 남녀노소를 가리지 않는다

피란민들을 괴롭힌 것은 비행기에서 비 오듯 쏟아지는 폭탄과 총알이었어. 이것은 군인과 민간인, 남녀노소를 가리지 않았단다.

> 6·25 전쟁이 시작되자 많은 사람이 전쟁을 피해 살던 곳을 떠나 피란민이 되었다. 그중에는 가족을 잃거나 비행기 폭격 등으로 죽거나 다치는 경우가 많았다.

폭격은 주로 미군 비행기에 의해 이루어졌어. 전쟁이 일어나고 며칠 뒤부터 폭격을 시작한 미군 비행기는 전쟁 마지막까지 한반도의 하늘을 지배했지. 북한군 비행기는 상대가 되지 못했단다. 그래서 다행이라고? 물론 미군의 폭격이 북한군을 물리치는 데 큰 역할을 한 것은 확실해. 하지만 그 과정에서 전쟁과 상관없는 수많은 민간인들이 목숨을 잃었어. 미군의 서울 폭격으로 사망한 서울 시민만 해도 수천 명이 넘는다고 해.

게다가 미군은 6·25 전쟁 동안 북한에만 50만 톤에 가까운 폭탄을 퍼부었어. 이 양은 미국이 일본과 벌인 태평양 전쟁에서 사용한

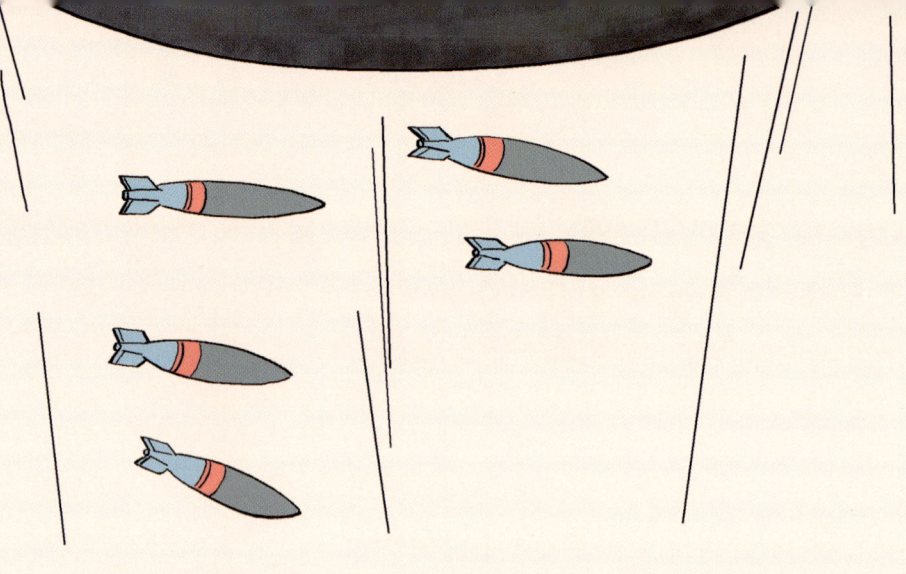

폭탄의 양과 맞먹는다고 하는구나. 더구나 당시 기술로 폭격은 목표물에 명중될 확률이 아주 낮았어. 전쟁과 아무 관계 없는 민간인이 피해를 입을 확률이 아주 높았지.

폭격만이 사람들의 목숨을 앗아 간 게 아니었어. 때로는 군인들이 저항할 수도 없는 사람들을 한꺼번에 죽이기도 했단다. 먼저 표적이 된 것은 형무소의 죄수들이었지. 1950년 7월, 대전형무소에서는 모두 1,800여 명의 사람들이 군인과 경찰에 의해 목숨을 잃었어. 죄수들이 풀려난 뒤에 북한군의 편에서 싸울 것을 걱정했기 때문이야. 이런 식의 학살은 북한군에 의해서도 똑같이 저질러졌어. 인천 상륙 작전으로 후퇴하게 된 북한군 역시 대전형무소에 있던 1,300여 명의 죄수들을 죽였다고 해.

지금은 예전 대전형무소가 있던 자리에 평화공원이 들어서 있어. 이곳에 가면 북한군이 사람들을 죽인 뒤 던져 넣었던 우물과 이때 죽은 사람들을 추모하는 탑 등을 볼 수 있단다.

대전형무소에서 벌어진 죄수 처형 장면

죄수들뿐 아니라 이전에 좌익 활동을 했던 사람들도 무사하지 못했어. 6·25 전쟁이 일어나기 1년 전인 1949년 6월에 정부가 '국민 보도 연맹'이라는 단체를 만들었어. 국민 보도 연맹은 좌익 운동을 하다가 전향(사상이나 이념을 바꿈)한 사람들로 조직된 단체인데, 여기에는 사회주의 정당이나 인민 위원회 등에서 활동했던 사람들이 가입했지. 이들이 혹시 대한민국을 반대하는 활동을 하지 않을까 염려한 정부가 감시하려고 만든 거야. 나중에는 지역별로 가입시켜야 할 사람들의 숫자가 정해지면서 좌익 활동과는 전혀 상관없는 사람들도 국민 보도 연맹에 많이 가입하게 되었지.

너무 잔인하고 끔찍한 일이야!

그런데 6·25 전쟁이 일어나자 남한의 군인들과 경찰들은 국민 보도 연맹에 소속된 사람들을 잡아 가두기 시작했어. 혹시라도 이들이 북한군에 이로운 행동을 할까 두려워했거든. 그러고는 전쟁이 점점 불리해지자 가두어 두었던 사람들을 죽이기 시작했어. 이렇게 목숨을 잃은 사람들만 전국적으로 수만 명에 이른단다.

북한군이 점령한 지역에서는 '인민재판'이란 이름으로 사람들을 함부로 죽였어. 인민이란 북한 같은 사회주의 국가에서 국민을 가리키는 말이야. 인민재판이란 전문 재판관이 아니라 보통 사람들(인민들) 중에서 선출된 자가 인민 앞에서 판결하는 재판을 말해. 그런데 6·25 전쟁 때 북한군은 자기들의 마음에 들지 않는 사람들을 잡아다가 많은 사람들 앞으로 끌고 나와서 죄가 있는지 물어본 후 그들의 반응에 따라서 바로 처벌하기도 했어. 때에 따라서는 인민재판도 없이 수백 명의 사람을 한꺼번에 죽이기도 했어. 이런 죽음에는 여자와 어린아이도 예외가 아니었단다. 이렇게 남북한 양쪽에서 죄 없는 사람들이 무수히 목숨을 잃었지.

 **이제는 진실을 밝히자! 노근리의 비극**

1950년 7월, 충청북도 영동군에 있는 노근리에서 끔찍한 사건이 벌어졌어. 마을을 떠나라는 미군의 명령으로 길을 나선 주민들에게 갑자기 나타난 미군 비행기가 폭탄을 떨어뜨린 거야. 살아남은 사람들이 철도 아래 굴다리에 숨었는데, 또다시 미군이 나타나 총을 쏘기 시작했어. 이 과정에서 모두 300여 명의 사람이 목숨을 잃었고, 죽은 사람 중에는 어린 아기도 있었단다. 이 잔혹한 사건은 수십 년간 사람들에게 알려지지 않은 채 묻혀 있다가 1994년에야 드러나기 시작했어. 1999년에는 이 사건과 관련된 미군의 문서가 발견되면서 세계적인 관심을 끌었지만, 미군은 여전히 실수라고 주장하고 있단다.

오늘은 국군, 내일은 북한군

지난 시간에 '톱질 전쟁'이 피해를 키웠다는 이야기를 했었지? 이번 시간에는 그 모습을 좀 더 자세히 살펴보자.

 피란을 가지 못한 사람들 중에도 점령지가 바뀔 때마다 국군이나 북한군에게 도움을 주었다는 이유로 죽거나 고통받는 이들이 많았다.

이런 일은 국군이 서울을 되찾았을 때도 벌어졌어. 부산으로 피란을 갔던 정부가 서울로 돌아와서는 북한군에 도움을 준 사람들을 찾아서 벌주기 시작했거든. 사형 선고를 받은 사람만 수백 명이 넘었어.

가만, 어째 좀 이상하지 않아? 이승만 대통령과 정부는 국민들한테 서울을 지키라고 말하고서는 자기들끼리만 몰래 부산으로 달아

난 거잖아. 북한군이 들어올 때까지 남아 있던 사람들은 정부의 지시를 충실히 따른 것이고. 그런데 이제 와서 북한군을 도와주었다고 처벌을 하다니……. 총칼로 무장한 북한군의 지시를 일반 시민들이 어떻게 안 따를 수가 있겠어?

사실 국회는 정부가 서울로 되돌아오기 직전에 대통령이 사과문을 발표해야 한다고 결정했어. 서울 시민을 속이고 떠난 것에 대해서 말이지. 하지만 이승만 대통령은 "내가 국민 앞에 왜 사과를 하는가. 사과할 테면 당신들이나 해라."라고 말했다는구나.

이승만

중국이 전쟁에 참전하면서 다시 남쪽으로 내려오게 된 북한군도 남한 정부와 똑같은 일을 했어. 국군과 유엔군이 북한 지역을 점령했을 때 도움을 준 사람들을 찾아서 처벌한 거야.

천막 학교로, 학도 의용군으로

죽은 사람은 죽은 사람이고, 살아남은 사람은 살아야 했어. 수많은 사람들이 전쟁을 피해 안전한 낙동강 이남으로 몰려들었지. 이곳에서 사람들은 당장 먹고사는 것이 힘들었지만, 미래를 준비하는 교육에 열심이었어.

전쟁 중에 세워진 '천막 학교'에는 학생들이 구름처럼 모였어. 천막 학교란 이름 그대로 천막으로 만든 임시 학교야. 한 반에 100명이 넘거나 여러 반이 한 교실을 번갈아 가며 쓰기도 했어. 이마저 없을 때에는 개천가나 골짜기에서 수업이 이루어졌어. 나무에 칠

판을 걸어 놓고 여러 명이 한 권의 교과서를 함께 봤지. 하지만 학생들은 열심히 공부했고, 천막 학교 과정을 마친 사람은 졸업 인정서를 받았어.

피란민 중에서도 특히 북한에서 내려온 사람들이 교육에 열심이었다고 해. 전 재산을 북한에 두고 온 사람들이 앞으로 희망을 걸 데라고는 자녀 교육밖에 없었거든. 자신들은 비록 어렵게 살지만 아이들은 열심히 공부해서 잘살기를 바랬지.

전쟁 중이었지만 대학도 문을 열었어. 처음에는 여러 대학이 합쳐서 연합 대학을 열었는데, 휴전 협상이 길어지면서 전쟁 상황이

계속되자 대학별로 학생들을 모으고 강의를 했어. 당시 대학에 다니면 군대에 가는 것을 연기할 수 있었기 때문에 대학 공부를 하는 학생들의 숫자는 엄청 늘어났단다.

그런데 이와는 반대로 나라를 지키기 위해 스스로 군대에 간 학생들도 있었어. 이들을 '학도 의용군'이라고 불렀지. 수십만 명의 학생이 학도 의용군으로 지원했고, 이들 중에는 중학생 나이의 어린 소년들도 있었어. 이들을 '소년병'이라고 불렀는데, 모두 3,000여 명이 지원해서 약 1,400명이 목숨을 잃었다는구나. 이렇게 어린 소년병들의 목숨까지 빼앗고 나서야 전쟁은 멈췄어. 전쟁은 우리나라 전체에 깊은 상처를 남겼어.

전쟁이 남긴 상처들

6·25 전쟁으로 국토는 황폐해졌고 건물, 도로, 철도, 다리 등이 파괴되어 복구하는 데 많은 시간과 비용이 요구되었다. 또한 많은 문화재가 사라지거나 망가졌다.

옆을 보면 전쟁으로 우리나라의 산업이 입은 피해(파괴율)를 보여 주는 그래프가 있어. 전쟁이 3년 동안 계속되면서 남한에 있던 논밭의 27퍼센트, 북한의 논밭은 78퍼센트가 쓸모 없는 황무지로 변했어. 남한 공장의 42퍼센트, 북한 공장의 60퍼센트도 파괴되었어.

6·25 전쟁으로 인한 산업 피해와 인명 피해

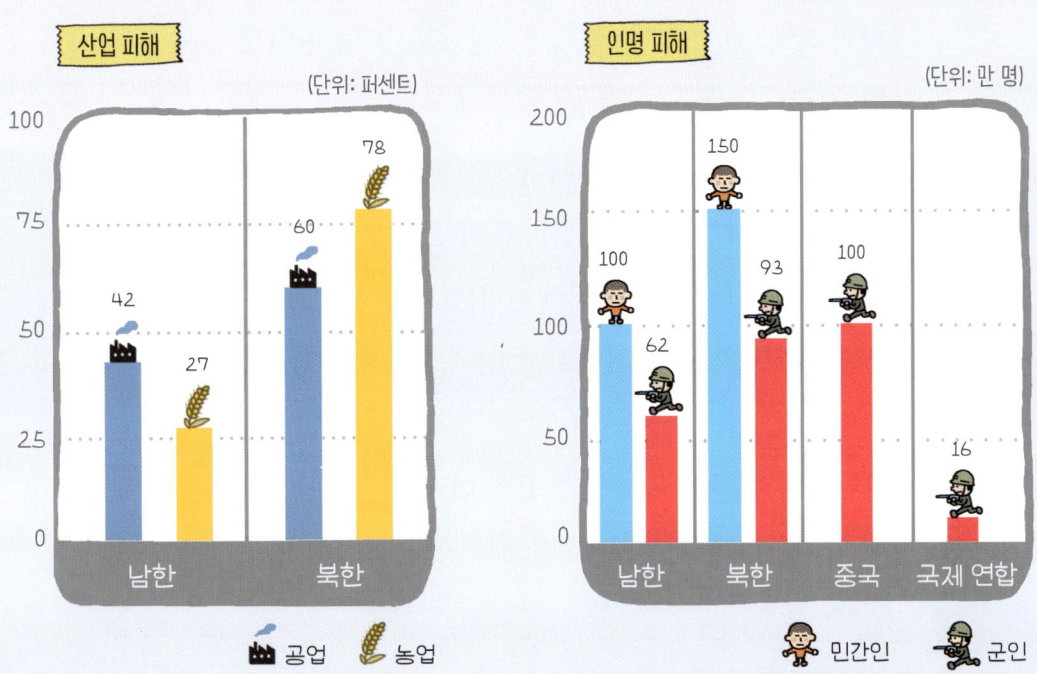

　남한보다 북한의 피해가 더 큰 이유는 아까 이야기한 것처럼 미군이 북한에 엄청난 양의 폭탄을 퍼부었기 때문이야. 서울의 광화문과 남대문, 수원의 화성, 평양의 을밀대 등 수많은 문화재들도 피해를 입었어.

　하마터면 고려 시대 문화유산인 팔만대장경도 이때 사라질 뻔했단다. 해인사가 있는 가야산에 적군이 있다는 정보를 입수한 우리 공군 지도부는 가야산 폭격 명령을 내렸어. 그런데 명령을 받은 군인이 적군 몇 명보다 팔만대장경이 소중하다며 끝까지 폭격을 하지 않아 해인사를 지킬 수 있었지. 이 이야기, 혹시 생각나니? 이런, 기억이 잘 안 난다고? 그렇다면 2권 6교시 '역사 현장 답사'를 찾아보렴!

앞에 나온 인명 피해 그래프는 전쟁 기간 동안 죽거나 다친 사람들의 숫자를 나타낸 거야. 남북한의 군인과 민간인을 합하면 무려 400만 명이 넘는 사람이 피해를 입었네. 해방 당시 우리나라 인구가 모두 2,500만 명쯤 되었다고 하니, 6명 중 1명꼴로 죽거나 다친 셈이야.

군인보다 민간인의 피해가 훨씬 더 큰 것도 눈에 띄어. 그만큼 전쟁이 참혹했다는 이야기지. 맥아더 장군도 미국 청문회에서 "평생

을 전쟁 속에서 보낸 나 같은 군인도 그렇게 비참한 모습은 처음이었다."라고 이야기할 정도였어.

또한 전쟁으로 생이별하게 된 이산가족이 정확히 얼마나 되었는지는 아무도 몰라. 다만 1,000만 명 정도라고 추측할 뿐이지. 만약 그렇다면 대한민국 국민 가운데 두세 명 중 한 명은 가족과 헤어지는 고통을 겪은 셈이야. 대략 10만 명쯤으로 알려진 전쟁 고아는 당장 먹고살기가 힘들었어. 이들을 돌보기에 나라 살림이 너무 어려웠거든. 이들은 고아원에 가거나 외국으로 입양되기도 했어.

이렇게 6·25 전쟁은 한반도 전체를 황폐하게 만들었고 남북한 사람들에게 깊은 상처를 남겼단다.

6·25 전쟁에 대한 다음 설명 중 사실과 다른 것은?

① 미군, 한국군, 북한군 모두가 죄 없는 사람들을 집단으로 죽이기도 했다.
② 임시 수도인 부산에 수많은 피란민들이 몰려들어 힘겹게 살아갔다.
③ 전쟁으로 학교가 문을 닫아서 학생들은 수업을 받을 수 없었다.
④ 중학생 나이의 소년병들도 전쟁에 참가해 목숨을 잃었다.

정답 | ③번. 전쟁 중에도 천막 학교에서 많은 학생이 수업을 받고 졸업까지 했어.

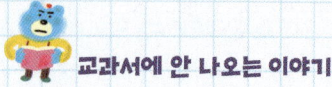
교과서에 안 나오는 이야기

38도선이 마을을 가르고, 전쟁이 남편을 앗아 갔습니다

해방 이후 어지러운 상황과 곧 이은 전쟁은 수많은 보통 사람들을 비극으로 몰아넣었어. 영문도 모른 채 마을이 38도선으로 갈리고, 이웃 마을 남자와 결혼했지만 남편이 군인으로 전쟁에 나가면서, 생사도 모른 채 아이를 키우며 살게 된 여인의 이야기를 들어 볼까?

우리 집은 황해도 옹진군 가천면이야. 38도선이 마을 한가운데를 가로질렀어. 어느 날, 군인들이 와서 선을 따라 붉은 말뚝을 박았는데, 처음에는 그게 무슨 뜻인지도 몰랐어. 그러고 나서도 몇 년 동안 말뚝 아래위를 오가면서 농사를 지었으니까. 그때는 38도선에 철조망도 없었거든. 그런데 언제부터인가 말뚝을 넘어가려는데 군인들이 총을 쐈어. 그래도 군인들의 눈을 피해 말뚝 아래위를 오가면서 농사를 짓고 친척들을 찾아다니기도 했지.

우리 집은 말뚝 위쪽에 있었는데, 나는 말뚝 아랫마을 남자와 결혼하게 되었어. 꽃가마를 타고 말뚝을 넘으려는데 우당탕하고 군인들이 총을 쏘기 시작했어. 가니 못 가니 실랑이를 벌이다가 결국 38도선을 넘어 시집을 가게 되었지. 그런 탓에 내 결혼식에는 우리 마을 친척들 중에 한 사람만 참석할 수 있었어.

남편은 경찰이었어. 몇 달 함께 살았나? 전쟁이 터지고 남편이 군인으로 가게 되었어. 그때가 가을쯤이었을 거야. 추웠어. 군복을 입은 남편이 저만큼 걸어가는데, 돌아서서 나를 보고, 또 뒤돌아보고, 또 뒤돌아보고 하는 거야. 그렇게 먼 데까지 가서는 우는지 어쩌는지 나만 보고 가만 서 있더라고. 그 모습이 어찌나 찡하던지 지금도 눈에 선해.

전쟁터에 나간 남편은 소식이 끊어지고 나는 아이를 하나 낳아 키우게 되었어. 시댁에 머물면서 농사를 짓고, 시부모님을 모시고, 시동생들도 챙기면서 말이야. 그렇게 30년 넘게 살고 나서야 남편의 소식을 들을 수 있었어. 전쟁 중에 총에 맞아 세상을 떴다는 거야. 그것도 우리 사위가 여기저기 다니면서 알아봐 준 거였어.

사실 그 이야기를 들었을 때는 그리 슬프지 않았어. 너무 오래 보지 못해서일까? 지금도 전쟁터로 가던 남편의 마지막 모습만 짠하게 남아 있어. 설마 우리 딸이나 손녀들은 이런 아픔을 겪지 않겠지?

6·25 전쟁 때문에 남편과 헤어지고 얼마나 힘들게 사셨을까?

역사 현장 답사

피란민의 흔적을 따라 걷다! 부산 중구 일대

40계단 문화관광테마거리가 있는 부산 중구 일대에는 6·25 전쟁 당시 몰려든 피란민들의 흔적을 찾아볼 수 있는 곳이 많아. 영화 제목으로도 유명해진 '국제시장'은 피란민들이 즐겨 찾던 시장이야. 원래는 해방 직후 한반도를 떠나는 일본인들이 가지고 있던 물건들을 이곳에서 팔기 시작하면서 시장이 생겼대. 6·25 전쟁 동안에는 미군 부대에서 흘러나온 물건들과 부산항으로 들어온 온갖 외국 상품들이 이곳 국제시장을 통해 전국으로 퍼져 나갔단다. 그 덕분에 국제시장이라는 이름도 갖게 된 것이지. 지금도 이곳에는 골목마다 특색 있는 물건들이 손님을 맞이하고 있어. 헌 옷을 파는 구제 시장 골목, 팥빙수 골목, 화장품 골목 등등 정말 다양해.

'보수동 책방골목'도 놓쳐서는 안 될 곳이야. 이곳은 이름처럼 수십 개의 책방이 몰려 있어. 6·25 전쟁 때 부산까지 내려온 피란민들은 먹고살 일이 막막했어. 그래서 가지고 있던 책이라도 팔기 시작한 것이 보수동 책방골목의 시초가 되었지. 마침 보수동 뒷산에는 천막 학교들이 자리 잡고 있어서 보수동 골목길은 학생들로 북적였거든. 책을 파는 사람들이 점점 많아지고, 아예 서점을 차리는 경우도 생기면서 지금의 보수동 책방골목이 만들어졌어. 6·25 전쟁 이후에도 이곳은 살림이 넉넉하지 않은 사람들이 헌책을 사기 위해 꾸준히 찾았단다. 지금도 책을 사려는

용두산공원의 부산타워(위)와 부산타워에서 내려다본 부산 시내(아래).

보수동 책방골목(위)과 국제시장(아래)

사람들과 옛날 분위기를 느끼려는 사람들이 보수동 책방골목을 찾고 있어.

'용두산공원'은 서울의 남산공원 같은 곳이야. 남산의 N서울타워를 닮은 부산타워가 우뚝 서 있거든. 이곳에서는 한눈에 부산 시내와 멀리 바다까지 내려다볼 수 있어. 용의 머리를 닮은 용두산 일대는 조선 시대부터 일본인들이 모여 살던 지역이었대. 일제 강점기에는 넓은 공원이 생겼다가, 6·25 전쟁 때 피란민들의 판잣집이 빽빽하게 들어섰다는구나. 그러다 6·25 전쟁이 끝난 이듬해에 큰불이 일어나 판자촌은 사라지고 다시 공원이 되었어.

::알아 두기::

가는 길 부산 지하철 1호선 중앙역 15번 출구로 나와서 50미터쯤 걸으면 40계단 문화관광테마거리가 시작돼.

관람 소요 시간 중구 일대의 6·25 전쟁 관련 지역을 모두 둘러보려면 하루 종일.

휴관일 연중무휴.

추천 코스 40계단 문화관광테마거리를 둘러본 후, 용두산공원에 들렀다가 보수동 책방골목과 국제시장을 방문할 것.

6교시
못 살겠다, 갈아 보자! 4·19 혁명

> 6·25 전쟁이라는 위기를 넘긴 이승만 대통령은 권력을 내려놓고 싶지 않아. 여러 가지 잘못된 방법을 사용해서 대통령을 계속하려고 했지. 국민들의 불만은 높아 가는데, 결국 1960년에 또다시 부정한 방법으로 선거를 치렀어. 더 이상 국민들은 참지 않았어. 결국 대통령 자리에서 물러난 이승만은 우리나라를 떠날 수밖에 없었단다.

"대한민국은 민주 공화국이다."

대한민국 헌법 1조 1항이야. 이 조항은 1948년에 처음 대한민국 헌법이 생긴 뒤부터 지금까지 변하지 않았어. '민주 공화국'이란 민주주의 공화국이라는 말이야. 민주주의는 국민의 뜻대로 하는 정치를 말해. 그 반대말은 독재. 독재는 한 사람이나 몇몇 사람이 국민의 뜻과 상관없이 자기 마음대로 나라를 다스리는 거야. 공화국이란 국민이 주인인 나라를 뜻해. 그 반대말은 왕국. 왕국은 왕이 주인인 나라이거든. 그러니까 고려나 조선은 왕국, 대한민국은 공화국이 되는 거야.

때로는 민주 공화국에서 독재가 이루어지기도 해. 그러면 국민들이 나서서 독재자를 몰아내기도 하는데, 이걸 '혁명'이라고 불러.

1960년 4월 19일. 우리나라에서도 혁명이 일어났어. 국민들이 독재를 일삼던 이승만 대통령을 몰아내고 민주주의를 지킨 거야. 그래서 이 사건을 가리켜 '4·19 혁명'이라고 부른단다. 그 과정에서 목숨을 잃은 많은 이들이 바로 이곳, 국립 4·19 민주 묘지에 묻혀 있어.

　국립 4·19 민주 묘지 입구에는 하늘을 찌를 듯 솟아오른 기념비가 있어. 이 기념비의 이름은 '사월 학생 혁명 기념탑'이야. 4·19 혁명은 주로 학생들이 이끈 혁명이었거든. 대학생뿐 아니라 고등학생과 중학생, 심지어 초등학생도 민주주의를 위해 거리로 쏟아져 나왔어. 경찰이 이들을 향해 총을 쏘는 바람에 많은 학생들이 죽거나 다쳤지. 오늘날 우리가 민주주의를 누리며 사는 것은 우리 할아

4·19 혁명 때 시위에 나선 어린이들

버지와 할머니가 흘린 피와 희생 덕분인 거야.

자, 그럼 경건한 마음으로 국립 4·19 민주 묘지를 둘러보면서 4·19 혁명에 대한 이야기를 들려주도록 할게.

돈 쓰고 주먹 쓰고, 3·15 부정 선거

사월 학생 혁명 기념탑에서 잔디 광장을 가로질러 가면 4·19혁명기념관이 나와. 4·19 혁명 관련 자료와 유물을 전시해 놓은 곳이야. 한쪽 벽에 낡은 포스터 한 장이 보이는군. 거기에는 "대통령에 리승만 박사를, 부통령에 리기붕 선생을"이라고 쓰여 있네. 이게 바로 4·19 혁명을 불러온 1960년 3월 15일 선거의 포스터야. 오늘날 우리나라는 대통령만 뽑지만 이때는 대통령뿐 아니라 부통령도 함께 뽑았어. 당시에는 우리나라도 미국처럼 대통령을 도와주는 부통령이 있었거든. 그런데 바로 이날 치러진 선거에서 여러 부정한 방법이 동원되었어.

이승만 정부의 독재 정치가 계속되면서 국민들의 생활은 점점 더 어려워지고 정치에 대한 불만이 높아졌다. 그러나 이러한 상황 속에서

이때 이승만 대통령의 나이가 85세! 얼마나 더 오래 대통령 자리에 있고 싶었던 걸까?

3·15 선거 포스터

이승만은 1960년 3월 15일에 실시된 대통령 선거에서 또다시 부정한 방법으로 대통령에 당선되었다(3·15 부정 선거).

이때 사용된 부정 선거 방법은 아주 다양했어. 먼저 선거 전에 사람들에게 돈이나 물건을 주고 표를 사려고 했어. 경찰을 동원해서 경쟁하는 상대 후보들의 선거 운동을 막기도 했지. 이 과정에서 정부의 지시를 받은 깡패들이 주먹을 휘두르는 일도 생겼어. 또한 선거를 하기도 전에 이승만 대통령을 찍은 투표 용지를 만들어서 선

거함에 넣기도 했어. 개표하는 과정에서도 부정행위가 이어졌어. 군대에서는 투표에 참여한 사람 수보다 이승만 대통령이 얻은 투표수가 더 많은 일까지 벌어졌단다. 결국 이승만은 88.7퍼센트의 득표율로 대통령에 당선되었지. 사실 이승만 대통령이 독재 정치를 시작한 것은 3·15 부정 선거보다 훨씬 이전부터였어.

1948년 처음 대통령에 당선될 때만 해도 이승만은 국민들의 존경을 받았어. 비록 강력한 경쟁자였던 김구가 빠지기는 했지만 국회 의원들의 압도적인 지지로 제1대 대통령에 당선되었지. 하지만 6·25 전쟁 동안 이승만 대통령이 보여 준 모습에 국민들과 국회 의원들은 크게 실망하고 말았단다.

이런 상황에서 제2대 대통령 선거일(1952년 8월 5일)이 다가왔어. 이번에도 국회 의원들의 투표로 대통령을 뽑을 예정이었지. 그런데 이대로 가면 이승만 대통령이 다시 당선될 가능성은 거의 없었어. 그러자 이승만 대통령은 헌법을 고쳐서 국회 의원이 아니라 국민들이 직접 대통령을 뽑도록 만들어 버렸어. 국회 의원이 투표를 하면 떨어질 것이 분명하지만, 국민들이 뽑는다면 자신을 지지하는 단체들을 동원해서 유리하게 선거를 치를 수 있었거든. 헌법을 고치는 데 반대하는 국회 의원들은 억울한 누명을 씌워서 구속해 버렸지. 이렇게 헌법을 고치고는 한 달 만에 선거를 해서 상대 후보들이 미처 준비할 시간을 주지 않았어. 여기에 경찰까지 동원해서 겨우 선거에 이길 수 있었단다.

이승만은 제2대 대통령으로 재임하던 1954년, 다시 한 번 헌법을 고쳤어. 이번에는 대통령을 두 번밖에 할 수 없다는 조항이 문제였지. 그래서 이 조항을 한 사람이 몇 번이고 계속 대통령을 할 수 있도록 고친 거야. 한마디로 평생 대통령을 하겠다는 말이지.

안 되면 되게 하라! 사사오입 개헌

이승만 대통령은 1954년 11월 헌법 개정안을 통과시키려고 온갖 수단을 다 동원했어. 하지만 막상 투표를 해 보니 딱 한 표가 모자랐지. 헌법을 고치기 위해서는 국회 의원 3분의 2의 찬성이 필요했는데, 당시 국회 의원이 모두 203명이니까 3분의 2라고 하면 135.333…명, 그러니까 소수점 이하까지 포함해 정족수 136명이 필요했던 거야. 그러자 이승만 대통령을 지지하는 국회 의원들은 135.333…의 소수점 이하의 숫자는 1인이 되지 못하니, 반올림해 소수점 이하를 버리면 135명이라 주장하며 헌법을 고쳐야 한다고 우기기 시작해. 결국 헌법은 고쳐졌고, 사람들은 이 웃지 못할 사건을 가리켜 '사사오입 개헌'(1954년 11월 27일)이라고 불렀단다. 사사오입이란 반올림과 같은 말이야.

마산에서 서울까지 혁명의 불길이 타오르다

억지로 헌법을 고치고 부정한 방법으로 제3대 대통령 선거(1956년 5월 15일)에서 이긴 이승만을 바라보는 국민들의 시선은 곱지 않았어. 게다가 이 무렵에는 사람들의 생활도 무척 어려웠지. 미국이 밀가루 같은 먹을거리를 보내 주어서 겨우 먹고는 살았지만 사람들은 여전히 굶주렸고 일자리는 부족했어. 전쟁으로 폐허가 된 산업은 아직 제자리를 찾지 못했거든.

먹고살기도 힘든데 정치가 이 모양이니 국민들의 불만은 높아져만 갔지. 이런 상황에서 3·15 부정 선거까지 저지르니 드디어 국민들이 거리로 나와 시위를 벌이기 시작했어.

📖 3·15 부정 선거에 분노한 학생들과 시민들은 선거 무효를 주장하며 시위를 벌였다. 마산에서 처음으로 시작된 시위는 각계각층의 시민들이 참여하는 전국적인 시위로 번져 나갔다. 이 과정에서 많은 사람이 희생되었고 시민들은 분노하였다.

묘지 내 4·19혁명기념관에 당시 모습을 재현해 놓은 모형이 있어. 교복을 입은 학생들과 제복을 입은 경찰들이 맞선 모습이네. 골목길 한쪽 건물에 '마산의원'이라는 간판이 보이는군. 마산에서 일어난 시위라고 짐작할 수 있을 거야. 마산에서는 선거 당일인 3월 15일부터 학생들과 시민들이 시위를 시작했단다. 그런데 가만, 경찰들이 몽둥이뿐 아니라 총을 들고 있어. 이날 경찰은 시위대를 향

마산 시위 장면을 재현한 모형

해 총을 쏘아서 8명이 죽고 80여 명이 다쳤다고 해. 사람들은 겁을 먹고 흩어졌지만, 분노는 더욱 부글부글 끓어오르게 되었어.

그러다가 전 국민들의 분노를 폭발시키는 사건이 터졌어. 최루탄 파편을 눈에 맞고 죽은 고등학생의 시체가 마산 앞바다에 떠오른 거야. 최루탄은 커다란 총알인데 터지면서 눈물이 나게 하고 숨이 막히는 가스를 내뿜어. 이 최루탄 파편이 눈에 박힌 학생의 끔찍한 모습을 보고서 마산 시민들뿐 아니라 전국의 수많은 사람들이 거리로 나서게 되었지.

서울에서 시위를 벌이던 대학생들과 고등학생들이 이승만 대통령이 머물던 경무대(청와대의 옛 이름) 앞에 이르렀을 때, 경찰들이 갑자기 총을 쏘기 시작했어. 이날이 바로 4월 19일이었어. 이날 경찰은 서울뿐 아니라 부산과 광주 등 전국 곳곳에서 시위대를 향해 총을 쏘았어. 단 하루 동안 모두 123명이 목숨을 잃었지.

이들의 희생은 혁명의 불길에 기름을 부었단다. 초등학생부터 대학교수까지 전국의 국민들이 모두 들고일어선 거야. 이렇게 되니 이승만 대통령도 더 이상 버틸 수가 없었어.

마침내 4월 26일, 이승만 대통령은 대통령직에서 물러나겠다는 성명을 발표했단다. 4·19 혁명이 시작된 지 일주일 만의 일이었어. 국민들은 너 나 할 것 없이 승리의 환호성을 질렀지. 하지만 이 승리를 얻기 위해 약 200명의 사람이 목숨을 잃어야 했어.

다음은 대한민국 초대 대통령 이승만이 한 일이다. 사실이 아닌 것은?

① 해방 이후 처음으로 민주적인 절차에 의해 대통령에 당선되었다.
② 잘못된 방법으로 헌법을 고쳐서 평생 동안 대통령을 하려고 했다.
③ 부정 선거를 비판하는 국민들과 대화를 통해 해결하려고 했다.
④ 4·19 혁명이 일어나고 일주일 만에 대통령의 자리에서 물러났다.

정답 | ③번. 이승만 대통령은 힘으로 국민들의 시위를 진압하려 했어.

사진으로 보는 4·19 혁명

1. 1960년 3월 15일 마산에서 부정 선거에 항의하는 시위가 일어났다.

2. 4월 11일 최루탄에 맞아 숨진 고등학생 김주열의 시체가 마산 앞바다에 떠올랐다.

3. 4월 19일 서울, 부산, 광주 등 전국에서 학생과 시민 수십만 명이 시위를 벌였다.

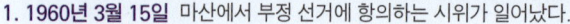

4. 4월 25일 대학교수들이 시위에 참여했다.

이야, 4·19 혁명은 시민들의 승리로 끝났어.

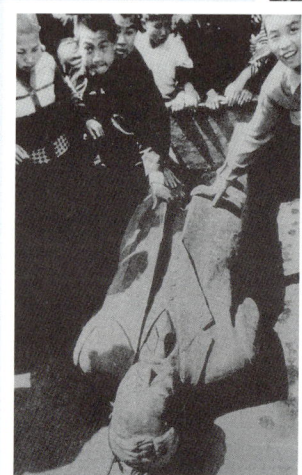

5. 4월 26일 국민들의 뜻에 따라 이승만 대통령이 물러났다.

4·19 혁명 정신을 이어받은 대한민국

사월 학생 혁명 기념탑 뒤로는 4·19 혁명의 희생자들이 잠들어 있는 묘지가 있어. 당시에 돌아가신 분들뿐 아니라 그 뒤에 세상을 뜬 분들까지 합해서 수백 개의 무덤이 자리 잡고 있지.

묘지 뒤로는 희생자들의 사진을 모아 놓은 유영봉안소가 보여. 오래된 흑백 사진 속 인물들은 대부분 교복 차림의 앳된 모습이구나. 당시 중학생, 고등학생이라면 지금 여러분보다 불과 서너 살이 많을 뿐이야. 나이에 상관없이 독재를 반대하고 민주주의를 지키는 데 힘을 모은 거야. 이분들의 희생 덕분에 우리는 민주주의를 누리며 살 수 있는 거란다.

희생자들의 사진을 모아 놓은 유영봉안소

📖 4·19 혁명은 민주주의를 부정하는 독재 정권에 맞서 학생을 비롯한 시민들이 스스로의 힘으로 민주주의를 지켜 낸 시민 혁명이다. 4·19 혁명의 정신은 이후 민주주의가 억압을 받을 때마다 우리나라의 민주주의를 지켜 내고 발전시키는 밑거름이 되었다.

이승만 대통령 같은 독재자가 우리나라에만 있었던 것은 아니야. 지금은 민주주의가 발전한 나라들에도 독재자가 나라를 다스린 시기가 있었어. 그때마다 시민들이 나서서 독재자를 몰아내고 민주주의를 지켰지. 덕분에 민주주의가 발전했던 것이고. 우리나라도 4·19 혁명이라는 시민 혁명을 거치면서 민주주의가 뿌리내리게 된 거란다.

이처럼 소중한 4·19 혁명의 정신은 헌법에도 명시되어 있어. 우리 헌법의 전문은 "유구한 역사와 전통에 빛나는 우리 대한 국민은 3·1 운동으로 건립된 대한민국 임시 정부의 법통과 불의에 항거한 4·19 민주 이념을 계승하고……."라는 내용으로 시작하거든. 4·19 혁명은 3·1 운동만큼이나 소중한 경험이었던 거야.

 **시민이 민주주의를 이끌다**

'시민 혁명'에서의 '시민'은 '서울 시민' '부산 시민' 할 때의 시민과는 다른 뜻이야. 단순히 '도시에 사는 사람'이라는 뜻이 아니라 '정치적 권리를 가진 사회 구성원'이라는 의미지. 유럽에서 처음 근대 민주주의가 시작될 무렵에는 투표를 하거나 선거에 나갈 수 있는 권리 같은 정치적 권리들은 도시에 사는 사람만 갖고 있었거든. 그때는 농촌의 사람들에게 그런 권리가 없었단다. 그래서 시민은 도시에 사는 사람이자 정치적 권리를 갖고 있는 사람이라는 뜻이 된 거야.

민주주의를 거꾸로 돌린 5·16 군사 정변

이승만 대통령이 물러나자 국회는 다시 한 번 헌법을 고쳤어. 이번에는 대통령의 권한을 크게 줄이고 국무총리의 권한을 많이 늘렸지. 이제 나라를 이끄는 최고 책임자는 대통령이 아니라 국무총리가 되었어. 그리고 대통령과 국무총리 모두 국회에서 뽑도록 만들었어. 이승만 대통령 같은 독재자가 나오지 않도록 정치 제도를 고친 거야.

이렇게 고친 헌법에 따라 다시 선거를 해서 국회 의원을 새로 뽑고, 그 국회 의원들은 윤보선을 대통령으로, 이전에 부통령을 지낸 장면을 국무총리로 뽑았어. 사람들은 1960년 8월 12일에 들어선 새로운 정부를 '장면 정권'이라 부르기 시작했지.

장면 정권 앞에는 해야 할 일이 산더미처럼 쌓여 있었어. 무엇보

새 정부 축하 기념식에 참석한 윤보선 대통령(왼쪽)과 장면 총리(오른쪽)

다 민주주의를 실천하고 경제를 발전시켜야 했지. 무엇 하나 쉬운 일은 없었어. 또 사회는 무척 혼란스러웠어. 4·19 혁명의 성공을 맛본 시민들은 원하는 것이 생기면 무조건 거리로 나와 무분별하게 시위를 하기도 했거든.

하지만 이런 혼란은 시민 혁명이 성공하고 나면 찾아오는 자연스러운 일이었어. 시간이 갈수록 시위는 점차 줄어들었고, 민주주의는 자리를 잡아 갔고, 경제를 살리기 위한 큰 그림이 그려졌단다. 물론 3·15 부정 선거의 책임자들이 제대로 처벌을 받지 않고, 장면 총리를 비롯한 정치인들이 편을 나눠 싸움을 해 국민들이 실망하기도 했지만 말이야.

상황이 조금씩 나아지고 있는 가운데 1961년 5월 16일 군사 정변이 일어났어. 장면 정권이 들어서고 겨우 9개월 만의 일이었지. 박정희가 이끄는 군부 세력이 정변을 일으켜 정권을 잡은 이 사건을 '5·16 군사 정변'이라고 불러. 군사 정변이란 무력으로 정권을 무너뜨리거나 빼앗는 일을 말해. 쿠데타라고도 부르지.

5·16 군사 정변을 주도한 군인 박정희는 장면 정권이 무능하고 사회가 혼란스러워서 자신들이 나설 수밖에 없었다고 주장했어. 그러고는 정치를 바로잡고 경제를 발전시키겠다고 약속했어. 이 약속을 이루고 나면 참신하고 양심적인 정치인들에게 정권을 넘기고 자기는 다시 군대로 돌아가겠다고도 약속했지. 과연 이런 약속들은 잘 지켜졌을까?

5·16 군사 정변을 주도한 사람들(가운데가 박정희 소장)

 역사 현장 답사

민주주의를 위해 희생한 분들이 잠든 국립 4·19 민주 묘지

철탑(위)과 4·19혁명기념관(아래)

서울 북한산 자락에 자리 잡은 국립 4·19 민주 묘지는 조용하고 아늑한 곳이야. 13만 제곱미터에 달하는 널찍한 공간의 중심에는 거대한 철탑들이 줄지어 서 있어. 여기서부터 성스러운 공간임을 알려 주는 역할을 하는 거야. 철탑을 기준으로 그 앞으로는 연못과 휴게 광장 같은 편의 시설이 있고, 뒤로는 사월 학생 혁명 기념탑, 묘지, 유영봉안소 등이 있거든.

철탑 가운데 길을 따라가면 사월 학생 혁명 기념탑이 나와. 거기서 잠시 민주주의를 위해 목숨을 바친 분들을 위해 묵념을 하자. 하늘을 향해 높이 솟아오른 기념탑 좌우로는 당시 상황을 돌에 조각한 작품들이 둘러싸고 있어.

기념탑 뒤로는 무덤들이 보여. 자그마한 봉분 앞으로 무덤 주인의 이름과 얼굴 사진이 붙어 있네. '중동 중학교 남기성 묘'. 1947년에 태어나 1960년 4월 19일 시위 행렬에서 총을 맞고 죽었다는구나. 우리 나이로 열네 살. 딱 중학교 1학년 나이야.

4·19 혁명의 희생자들을 처음 이곳에 모신 것은 1963년의 일이야. 4·19 혁명으로 태어난 장면 정권에서 묘지를 마련하기로 결정하고, 5·16 군사 정변으로 태어난 박정희 정권이 이곳에 장소를 정했지.

묘지 전경

처음에는 185명을 모셨다가, 지금은 4·19 혁명에 참여했다가 나중에 돌아가신 분들까지 합해서 350여 명의 희생자를 이곳에 모셨어.

묘지 뒤쪽으로 난 계단을 오르면 나오는 기와집이 4·19 희생자들의 영정을 모신 유영봉안소야. 영정이란 돌아가신 분의 얼굴을 그린 그림이나 사진을 가리켜. 이미 말했듯이 이곳에는 유난히 앳되어 보이는 얼굴들이 가득하단다. 4·19 혁명으로 목숨을 잃은 사람 중에는 고등학생이 36명, 중학생과 초등학생도 19명이나 되었어.

유영봉안소에서 나와 경건한 마음으로 걷다 보면 당시의 시대 상황을 살펴볼 수 있는 4·19혁명기념관이 나와. 이곳에서 유물과 자료를 보면서 다시 한 번 민주주의의 소중함을 생각하면 좋겠네.

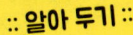

:: 알아 두기 ::

가는 길   지하철 4호선 수유역 2번 출구로 나와서 마을버스를 타고 국립 4·19 민주 묘지 앞에서 내리면 돼.

관람 소요 시간   약 1시간.

휴관일   연중무휴.

추천 코스   철탑을 지나 묘지 곳곳을 둘러보고 나오면서 4·19혁명기념관에 들르기.

7교시
경제는 살리고 민주주의는 죽이고

> 군사 정변으로 정권을 잡은 박정희는 무려 18년 동안 권력을 놓지 않았어. 그사이 우리나라의 경제는 살아났지만 민주주의는 죽어 가게 되었지. 나중에는 대통령 선거마저 없애 버리고 평생 대통령을 꿈꾸었단다. 그러다 부하의 손에 목숨을 잃으면서 마침내 박정희 독재 정권도 끝났어.

군사 정변을 일으킨 박정희는 두 가지 약속을 했어. 정치를 바로잡고 경제를 발전시키는 것. 과연 결과는 어땠을까?

결론부터 말하자면 경제는 발전했지만 정치를 바로잡는 데는 실패했어. 아니, 실패 정도가 아니었어. 정치를 바로잡기는커녕 이전보다 훨씬 나쁘게 만들었으니까. 그러면서 18년(1961~1979년) 동안이나 독재 권력을 휘둘렀지. 오늘은 먼저 1교시 때 왔던 대한민국 역사박물관을 둘러보면서 박정희 정권 18년 동안의 일들을 꼼꼼히 살펴보도록 하자.

'대한민국의 성장과 발전(1961~1987년)'이라는 이름의 제3전시실에는 오래된 포스터 한 장이 있어. '대한민국 경제 개발 5개년 계획 도표'라는 제목 아래 '경제 부흥만이 국민의 살길이다.'라는 표어도 보이는군. 그 아래에는 전국 어디에 무엇을 건설하고, 어떻게 생산을 늘리고, 무엇을 얼마나 수출할 것인지에 대한 계획이 빼곡히 적혀 있네. '대한민국 경제 개발 5개년 계획'이란 말 그대로 우리나라 경제를 발전시키기 위해 5년 단위로 세운 계획이야.

박정희 정권이 경제 개발 5개년 계획을 실천에 옮긴 것은 1962년부터였어. 당시 우리나라 1인당 국민 소득은 87달러에 불과했지. 그때는 우리나라가 세계에서 가난하기로 1, 2등을 다투던 시절이었어. 6·25 전쟁으로 나라 전체가 쑥대밭이 되어 버려 미국의 도움으로 겨우 먹고살 수 있었으니까.

대한민국역사박물관에는 이때 미국에서 보내 준 밀가루 포대가 전시되어 있단다. 물론 어려운 때에 미국이 밀가루 같은 먹을 것을 공짜로 준 것은 고마운 일이었지만, 이것 때문에 우리나라 농업은 어려움을 겪게 되었어. 공짜로 밀가루를 먹으니까 그나마 생산한 농산물은 값이 더욱 떨어져 농민들의 수입이 줄어들었어.

또한 미국에서 지원한 돈은 대부분 국방비로 쓰이거나 몇몇 기업에만 주어져서 사람들의 생활이 나아지는 데 그다지 도움이 안 되었지.

미국이 보내 준 밀가루 구호 포대

자나 깨나 경제 개발!

나라 살림이 어려우니 경제 개발 5개년 계획은 이룰 수 없는 꿈처럼 보였어. 경제를 개발하려면 무엇보다 돈과 기술이 있어야 했으니까. 그렇다면 어떻게 할까?

> 우리나라는 경제 개발을 위하여 외국으로부터 돈과 기술을 빌려 공업을 육성하고, 값싸고 질 좋은 노동력을 이용해 물건을 만들어 수출하였다.

아하, 이런 방법이 있었네. 우리에게는 부지런하고, 솜씨 좋고, 교육열이 높은 사람들이 있으니, 일단 외국의 돈과 기술을 빌려 와서 경제를 발전시키는 거야! 그렇지만 외국의 돈과 기술은 어디서 어떻게 빌리지?

먼저 6·25 전쟁 이후 줄곧 우리나라를 도와주던 미국으로부터 돈을 빌렸어. 하지만 이것만으로는 부족했어. 그래서 일본에도 손을 벌리게 되었단다. 일본은 6·25 전쟁 동안 전쟁에 필요한 물자를 만들어서 미국에 팔고 돈을 무지하게 많이 벌었거든. 그런데 문제가 있었어. 우리나라는 해방 이후 일본과 관계를 끊은 상태였어. 이승만 대통령 시절에 다시 외교 관계를 맺기 위해 협상을 벌였지만 실패했어. 일본이 일제 강점기 동안 우리나라에 준 피해에 대해 제대로 사과하고 배상하겠다는 약속을 하지 않았기 때문이야.

박정희 정권은 경제 개발 5개년 계획에 쓸 돈을 마련하기 위해 일본과 다시 협상을 시작했어. 이 일은 미국이 원하는 일이기도 했어. 미국은 한국뿐 아니라 일본과도 손을 잡고 사회주의 국가인 소련·중국·북한에 맞서려고 했거든. 만약 한국과 일본이 여전히 서로 원수처럼 지낸다면 한·미·일 동맹은 반쪽짜리가 될 테니까 말이야. 그래서 미국은 이승만 정권 시절부터 한국과 일본을 다시 맺어 주기 위해 노력해 왔지.

일본은 여전히 제대로 된 사과와 배상을 하지 않았지만, 우리나라는 3억 달러를 무상으로 받고 3억 달러를 빌리는 조건으로 1965년 일본과 다시 외교 관계를 맺었어. 3억 달러라면 우리 돈으로 3,000억 원쯤 되는데, 그때는 굉장히 큰돈이었어. 하지만 일제 강점기 동안 우리가 입은 피해를 배상하기에는 턱없이 작은 액수

한일 기본 조약에 서명하는 박정희 대통령

였지. 더구나 일본은 자기 잘못에 대해 사과도 하지 않았고, 이후 대한민국은 일본에 두 번 다시 피해 배상 요구를 하지 않는다는 조건도 달았어. 지금도 일본은 이때 맺은 조약을 근거로 우리나라의 '일본군 위안부' 할머니들에게 피해 배상을 이미 했다고 주장하고 있단다. 바로 그 문제의 조약서가 경제 개발 5개년 계획 포스터 옆에 있어. 제목이 '한일 기본 조약'이야.

당연히 거의 모든 국민들이 이런 내용의 조약을 반대했어. 학생들과 시민들은 마치 4·19 혁명이 일어난 때처럼 매일 거리로 나와 시위를 했지. 하지만 결국 1965년 한국과 일본은 조약을 맺었고, 박정희 정권은 이때 받은 돈으로 경제 개발 5개년 계획을 실행할 수 있었단다.

한편 한일 기본 조약을 맺기 약 1년 전인 1964년부터 우리나라는 군인들을 베트남 전쟁에 보내기 시작했어. 당시 베트남은 미국이 돕는 남베트남과 소련이 지원하는 북베트남으로 나뉘어 전쟁을 벌이고 있었거든. 미국은 우리나라도 베트남에 군인을 보내 주길 원했어. 그러면 미국이 우리에게 돈을 주기로 약속했지. 우리나라는 1964년부터 여러 해에 걸쳐서 모두 5만여 명의 병사들을 베트남으로 보냈어. 군인뿐 아니라 기술자들과 노동자들도 베트남에 가서 일을 해 돈을 벌었어. 이렇게 벌어들인 돈 또한 우리 경제를 개발하는 데 쓰였단다.

 **베트남 전쟁에 나간 한국군**

베트남은 19세기 중반부터 20세기 중반까지 프랑스의 식민 지배를 받다가 스스로의 힘으로 프랑스를 몰아내면서 독립을 이루었어. 하지만 이 과정에서 1954년 남베트남과 북베트남으로 나뉘었지. 남쪽에는 미국이 지원하는 국가가, 북쪽에는 소련이 돕는 국가가 들어서서 서로 전쟁을 벌였어. 그러다 1964년 미국은 북베트남을 공격하면서 베트남 전쟁에 끼어들게 된단다. 미국은 베트남 전체를 자신의 세력 아래에 두고 싶어 했거든. 이때 미국의 요청으로 한국의 군대도 베트남 전쟁에 나가 북베트남을 상대로 전투를 벌였어. 전쟁 과정에서 미군은 네이팜 폭탄 같은 대량 살상 무기를 떨어뜨리고, 고엽제 등 화학 무기를 마구 뿌려 많은 민간인들을 희생시켰어. 미군의 대대적인 폭격과 한국, 태국 군대 등의 참전에도 불구하고 북베트남은 무너지지 않고 잘 싸웠어. 전쟁이 길어질수록 희생자가 늘어나고 전쟁 비용도 부담이 되자 미국 국민들은 전쟁을 계속하는 것을 반대했어. 미국의 군사 개입에 대한 국제 여론도 좋지 않았고. 결국 미국은 8년간의 전쟁 끝에 1973년 베트남에서 군대를 모두 철수했어. 이때 한국 군대도 모두 철수했지. 1975년에 북베트남은 남베트남을 무너뜨리면서 통일을 이루었단다. 우리나라는 베트남 전쟁에 군대를 보내 많은 돈을 벌고 그 돈으로 경제 발전도 이루었어. 하지만 베트남 전쟁에서 5,000여 명이 목숨을 잃었고, 12,000여 명이 고엽제 질병에 걸려 아직도 고통이 가시지 않고 있다는 걸 알아야 해.

무엇보다 전쟁에는 수많은 사람의 희생과 고통이 따른다는 사실을 기억하자.

경제 성장의 빛과 그림자

우리나라는 일본에서 받은 돈과 베트남 등에서 벌어들인 돈으로 공장을 세우고 물건을 만들어 다른 나라로 수출도 했어. 포항 종합 제철소 같은 거대한 철강 회사를 만들고 서울과 부산을 잇는 경부 고속 도로도 건설했지. 포항 종합 제철소에서 만든 철을 이용해서 더 많은 건물과 공장을 짓고, 경부 고속 도로를 통해서 물건을 더 빠르게 실어 날랐어. 덕분에 산업이 발전하고 경제가 성장할 수 있었단다.

네 차례 실시된 경제 개발 5개년 계획 기간 동안 우리나라의 경제는 매우 빠른 속도로 발전하였다. 국민 소득이 증가하고 수출도 크게 늘어났다. 이로써 우리나라는 세계 여러 나라로부터 '한강의 기적'을 이룬 나라라는 말을 듣게 되었다.

다음 페이지에 나오는 1960년대 이후 우리나라 수출액을 나타낸 그래프를 같이 보자. 음, 그래프 읽는 게 너무너무 어렵다고? 물론, 그럴 수 있어. 하지만 실망은 금물! 숫자가 무엇을 가리키는지 그 의미를 찬찬히 생각하고 보면 또 그렇게 어렵지는 않을 거야. 자, 1960년 0.3억 달러에서 시작해 2013년에는 5,596억 달러가 되었으니 53년 동안 2만 배 가까이 늘어난 셈이지? 정말 어마어마하게 늘어났어.

얼핏 보면 1960~1970년대가 2000년대보다 늘어난 금액이 작

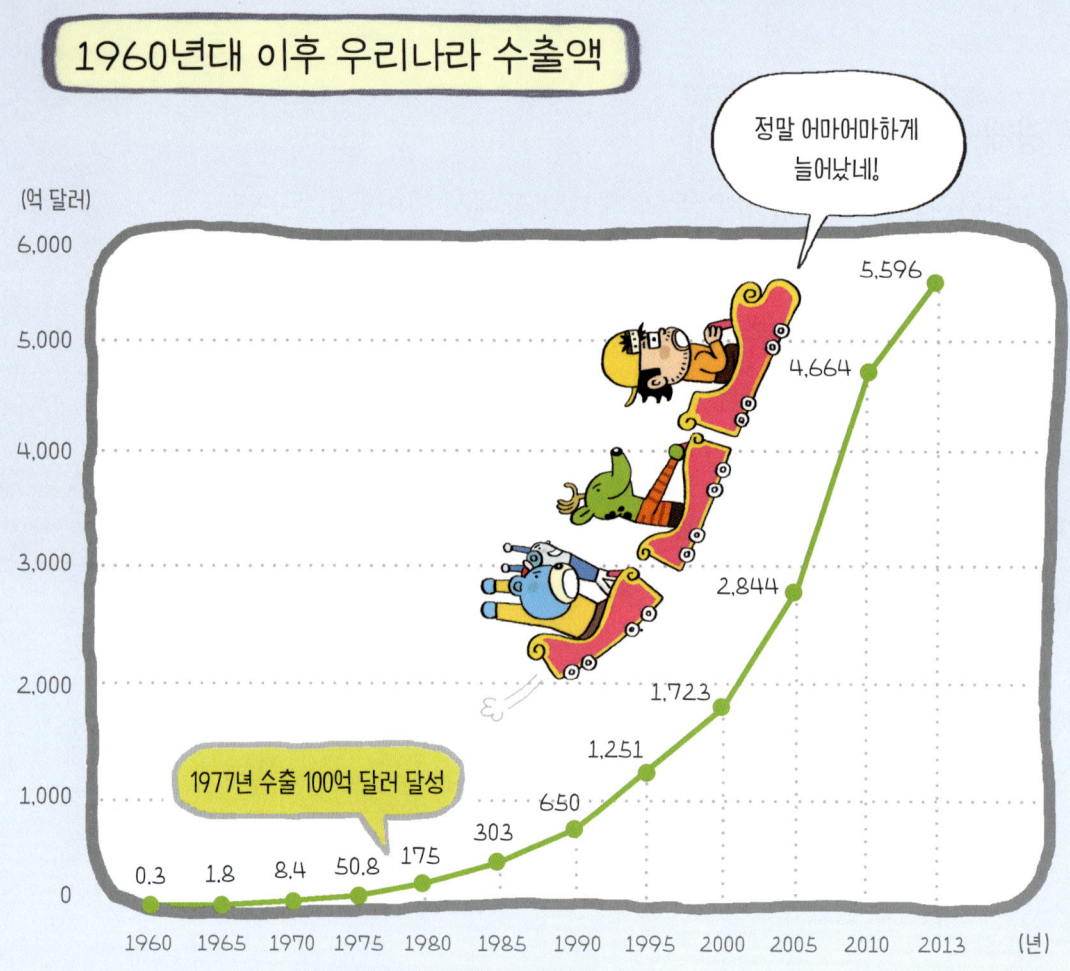

아 보이지만, 이전보다 몇 배나 늘어났는가를 따져 보면 오히려 그 폭이 훨씬 큰 것을 알 수 있어. 1960년에서 1965년까지는 무려 6배, 1965년에서 1970년까지는 4.5배 넘게 늘었는데, 2000년에서 2005년까지는 1.6배, 2005년에서 2010년까지도 1.6배쯤 늘었으니 말이야.

어때, 이 정도면 '한강의 기적'이라고 부를 만하지? 한강의 기적은 정부만 노력해서 이룬 것이 아니었어. 온 국민이 노력한 결과였지. 노동자들은 공장에서 하루에 12시간도 넘게 땀 흘리며 일했어. 농민들은 열심히 농사지어 거둔 쌀을 싼값에 공급해 정부가 경제 개발에 힘을 쏟을 수 있도록 했지. 또한 1교시 때 이야기했던 독일로 간 광부들과 간호사들, 베트남 전쟁에 나간 군인들도 피땀 흘려 번 돈, 목숨 걸고 번 돈을 고국으로 보냈어. 더불어 사우디아라비아 같은 중동의 나라들에 건설 바람이 불면서 우리나라 노동자들이 중동으로 가서 일한 것도 큰 도움이 되었단다. 그 덕분에 우리 경제는 크게 성장할 수 있었던 거야.

온 국민이 노력해서 경제가 성장했으니, 모두가 잘살게 되었을까? 안타깝지만 그렇지 못했어. 어떤 사람은 잘살게 되었지만, 또 어떤 사람은 살기가 더욱 어려워졌지. 노동자들은 일한 대가를 제대로 받지 못했거든. 돈이 많은 사람은 이익을 더 많이 남기고 노동자들은 일을 많이 해도 월급이 적으니 빈부 격차가 점점 더 벌어질 수밖에.

또 산업이 발전함에 따라 도시에 일자리가 많이 생겨나자 농촌의 젊은이들이 도시로 몰려들었고, 젊은이가 떠난 농촌은 더욱 살기 힘든 곳이 되었단다. 문제가 심각해지자 정부가 나섰어.

> 농촌 사람들이 잘살 수 있는 방법을 찾자!

📖 1970년대 들어 정부는 도시에 비해 낙후된 농촌을 발전시키기 위하여 새마을 운동을 전개하였다. '근면, 자조, 협동'의 3대 정신을 바탕으로 시작된 새마을 운동은 농촌의 생활 환경을 개선하고, 소득을 올리는 데 크게 기여하였다.

근면은 '부지런히', 자조는 '스스로', 협동은 '힘을 모아'라는 뜻이야. 이 정신이면 정말 못 할 일이 없겠는걸? 새마을 운동에 참여한 농촌 사람들은 좁은 마을 길을 넓히고, 초가지붕을 슬레이트나

양철 지붕으로 바꾸는 등 생활 환경을 좋게 만들었어. 그리고 더 많은 곡식을 거둘 수 있는 볍씨를 보급하고 비료와 농업 기술을 개발하면서 농민들의 소득도 높아졌지. 이제는 봄이 오면 보릿고개로 밥을 굶는 사람들은 거의 사라지게 되었어.

새마을 운동으로 농촌의 문제가 많이 해결되었지만 새로운 문제도 생겨났단다. 곡식은 더 많이 거두었지만 비료와 농기계를 사느라 빚도 함께 늘었어. 새마을 운동이 시작된 1970년부터 10년 동안 농민들이 벌어들인 돈은 10배 남짓 늘었는데, 빚은 20배 넘게 늘어난 거야. 이렇게 빚을 지다 보니 자기 땅을 팔고 남의 땅을 빌려서 농사짓는 농민들도 많아졌고, 농사일을 그만두고 도시로 떠나는 사람들도 계속 생겨났단다.

돌발 퀴즈

다음 중 새마을 운동에 관한 설명으로 틀린 것은?

① 1970년대 들어 낙후된 농촌을 발전시키기 위해 시작되었다.
② 새마을 운동의 3대 정신은 근면, 자조, 협동이다.
③ 새마을 운동의 결과, 농촌의 생활 환경이 좋아지고 소득이 올라갔다.
④ 새마을 운동으로 농촌이 잘살게 되자 농민들은 더 이상 도시로 나가지 않았다.

정답 | ④번. 새마을 운동으로 농촌의 소득은 올랐지만 빚도 함께 늘어 농민들은 계속해서 도시로 떠났어.

내 죽음을 헛되이 말라!

이쯤에서 자리를 옮겨 볼까? 대한민국역사박물관에서 3킬로미터쯤 떨어진 동대문시장 뒤편으로 말이야. 이곳에는 청계천을 가로지르는 다리가 있고, 오토바이로 빼곡한 다리 중간쯤에는 어떤 사람의 동상이 있어. 보통 동상이라면 멋진 모습으로 위풍당당하게 서 있기 마련인데, 이 동상은 후줄근한 작업복 차림이야. 이 사람의 이름은 전태일. 그는 박정희 정권 시절에 동대문 평화시장에서 옷을 만들던 노동자였단다.

첫 시간에 대한민국역사박물관을 둘러보면서 1970년대 평화시장 작업장을 봤던 것, 기억하니? 허리도 제대로 펼 수 없이 좁은 공간에서 하루에 12시간 넘게 일했다고 했지. 전태일도 그런 노동자들 중에 하나였어. 그나마 옷감을 자르는 기술자였

전태일 동상

기 때문에 다른 사람들보다는 사정이 나은 편이었단다. 심부름이나 허드렛일을 하는 어린 소녀들은 점심을 사 먹을 수 없을 정도로 낮은 임금을 받았어. 전태일은 그런 소녀들이 불쌍해서 견딜 수 없었어. 또 자신들이 먼지 가득한 작업장에서 밤을 새우며 일하는데도 가난한 것이 이해가 되지 않았지. 박정희 대통령은 누구든 열심히 일하기만 하면 잘살 수 있다고 했으니까.

그럼 노동자들은 열심히 일했는데도 왜 가난하기만 할까? 그 이유는 각 공장의 사장들이 법을 어기고 노동자들에게 임금을 너무 조금 주기 때문이었어. 우리나라 법에는 하루 8시간 이상 일하면 더 많은 돈을 주도록 정하고 있거든. 먼지 가득한 작업장에 환기 시설을 마련하지 않은 것도 법을 어긴 일이었지.

노동자들의 기본 생활을 보장하고 균형 있는 경제 발전을 위해 노동 조건을 정해 놓은 것이 바로 '근로 기준법'이야. 전태일과 그의 친구들은 회사 사장들에게 법을 지키라고 요구했지만 오히려 직장에서 쫓겨났어. 그래서 정부를 찾아가 사정을 호소했지만 소용없었지. 할 수 없이 거리로 나와 시위를 하게 되었고 그 도중에 전태일은 근로 기준법이 적힌 법전을 들고 자기 몸에 불을 붙이고는 이렇게 외쳤어.

"근로 기준법을 준수하라!"

"내 죽음을 헛되이 말라!"

결국 전태일은 숨을 거두고 말았지만, 그의 죽음으로 인해 사람들은 경제 성장에 가려진 어두운 그림자를 알게 되었어. 노동자들과 농민들은 스스로 부당한 대우를 받고 있음을 깨닫고 정당한 자기 몫을 요구하기 시작했단다.

국민의 입을 막은 유신 헌법

지금까지 경제 성장의 밝은 면과 어두운 면을 살펴봤으니, 이제부터는 정치적인 부분에 대해서 알아볼까? 그럼 다시 대한민국역사박물관으로 자리를 옮기자.

이번 시간을 시작하면서 '박정희 대통령은 18년이나 권력을 잡았는데, 그 기간 동안 경제는 살아났지만 민주주의는 죽어 가게 되었다.'라고 말했어. 이를 보여 주는 그림 하나가 전시실에 있어. 농촌의 아이들과 어른들의 밝은 모습 위로 "10월 유신, 100억 불 수출, 1,000불 소득, 보람찬 내일"이라고 쓴 문구가 보이는구나. '10월 유신을 하면, 100억 달러어치 수출이 되고, 1인당 국민 소득이 1,000달러가 되어 밝은 미래가 펼쳐질 것'이라는 의미야.

그런데 10월 유신은 뭘까? '유신'이란 낡은 제도를 고쳐서 새롭게 한다는 뜻이야. 박정희 대통령은 1972년 10월 17일 새로운 헌법을 만들겠다는 특별 선언을 발표했어. 이 선언에 따라 새로 만든 헌법을 보통 '유신 헌법'이라고 해.

유신 체제 홍보물

유신 헌법에는 어떤 내용이 담겼을까? 대통령 마음대로 국회 의원 3분의 1을 뽑고, 대통령이 국회를 해산할 수 있는 권한을 갖도록 했어. 또 나라가 긴급한 상황일 때 대통령의 권한으로 특별한 조치를 취할 수 있는 등 국민의 자유와 권리도 대통령 마음대로 제한할 수 있게 했지. 또 대통령을 국민이 직접 뽑지 않고 '통일 주체 국민 회의'라는 기관에서 뽑도록 했고, 대통령을 평생 동안 할 수 있도록

했어. 한마디로 말해 유신 헌법으로 대통령의 권한이 엄청 커졌고 독재의 기반이 마련되었지.

　박정희 대통령은 통일을 이루기 위해서는 유신 헌법이 꼭 필요하다고 주장했어. 유신 헌법이 공포(1972년 12월)되기 몇 달 전인 7월 4일에는 '남북한이 공동으로 평화 통일을 이루겠다.'는 내용의 성명을 발표했어(7·4 남북 공동 성명). 남북한 사이에 대화의 통로가 마련된 것은 제2차 세계 대전 이후 점점 나빠지던 미국과 소련 사이가 좋아진 것도 영향을 주었어. 또한 6·25 전쟁에서 싸웠던 미국과 중국이 화해를 하자, 남북한 사이에도 대화 분위기가 무르익은 거야.

6·25 전쟁 이후 처음으로 이루어진 남북 공동 성명에 온 국민들이 기뻐했단다. 박정희 대통령에 대한 지지율도 올라갔지. 하지만 박정희는 이걸 이용해서 평생 동안 대통령을 하려고 했어. 이미 9년 동안이나 대통령의 자리에 있었는데 말이지.

박정희는 1961년 5·16 군사 정변을 일으키고는 "정치를 바로잡고 경제를 발전시킨 후에 참신하고 양심적인 정치인들에게 정권을 넘기고 우리는 군대로 다시 돌아가겠다."라고 약속했지만, 군대에 돌아가는 대신 군복을 벗고 대통령 선거에 나왔어. 결과는? 아슬아슬하게 당선! 그런데 다음 대통령 선거에서도 박정희가 당선되었어. 이번에는 여유 있게 상대를 이겼지. 경제가 성장하자 박정희를 지지하는 국민들이 많아진 거야. 하지만 이후로는 더 이상 대통령이 될 수 없었어. 당시 헌법에 따르면 대통령을 두 번까지만 할 수 있었거든. 그렇다면?

헌법을 고쳐 버렸지! 박정희는 한 사람이 여러 번 대통령을 할 수 있게 헌법을 고쳤어. 그러고는 급기야 죽을 때까지 대통령을 할 수 있게 또다시 헌법을 고쳤는데, 그게 바로 '유신 헌법'이란다. 앞 시간에 이승만도 대통령을 계속하기 위해 헌법을 여러 번 고쳐서 결국은 독재자가 되어 버렸다고 했지. 박정희도 이승만의 뒤를 따른 셈이야.

물론 다른 점도 있어. 이승만은 계속해서 대통령이 되기 위해 부정 선거를 저질렀는데, 박정희는 아예 직접 선거 제도를 없애 버렸으니까. 바로 유신 헌법을 통해서 말이지.

국민들은 당연히 유신 헌법에 반대했지만, 박정희는 국민들이 입도 뻥긋하지 못하도록 만들어 버렸어. 유신 헌법에 따르면 대통령은 마음대로 국민의 기본권을 빼앗을 수 있었으니까!

하지만 1970년대 후반으로 갈수록 국민들의 저항은 커져만 갔지. 때마침 석윳값이 하늘 높은 줄 모르고 오르면서 물가도 덩달아 올라 사람들의 살림살이도 어려워졌어. 시민들은 거리에서 민주주의를 외치고, 노동자들은 배가 고파 못 살겠다며 시위를 벌였지.

1979년 10월에는 마치 4·19 혁명 때처럼 부산과 마산 등지에서 대규모 시위가 일어났어. 그 무렵 박정희 대통령은 서울 궁정동의 한 밀실에서 믿었던 부하의 총에 맞고 세상을 뜨고 말았어. 1979년 10월 26일의 일이었어. 이를 '10·26 사건'이라고 해. 대한민국역사박물관 전시실에 "박정희 대통령 서거"라는 기사가 대문짝만 하게 난 신문이 보이니? '서거'란 죽음이나 사망의 높임말이야. 보통 대통령이 세상을 떠났을 때 '서거하셨다.'라고 한단다.

아무튼 이제 이승만도 물러나고 박정희도 없으니 진짜 민주주의의 시대가 시작되는 걸까?

박정희 대통령 서거 소식을 전하는 『조선일보』 1면

세계 경제를 뒤흔든 석유 파동

우리가 쓰는 물건 중에서 석유를 이용하지 않고 만들어지는 물건은 거의 없어. 심지어 우리가 먹는 쌀을 생산하는 데에도 석유가 꼭 필요하단다. 트랙터를 비롯한 농기구들을 움직이려면 석유가 있어야 하니까. 그래서 석윳값이 오르면 모든 물가가 따라 오르는 거야. 이렇게 석유는 모든 나라가 필요로 하지만 생산하는 나라는 많지 않아. 석유 생산국 중 많은 나라들이 중동 지역에 몰려 있지. 만약 중동 지역의 석유 생산국들이 서로 짜고 석윳값을 올리기로 한다면? 아마 전 세계 물가가 오르면서 세계 경제도 충격을 받을 거야. 그런데 1970년대에 실제로 이런 일이 두 번이나 일어났어. 첫 번째는 1973년, 두 번째는 1978년이었지. 이걸 '석유 파동'이라고 불러. 우리 경제도 두 번의 석유 파동 탓에 크게 어려워졌단다.

교과서에 안 나오는 이야기

가상 인터뷰! 아름다운 청년, 전태일

1970년대 서울 동대문 평화시장에서 옷을 만들던 노동자 전태일은 어찌하다가 한국의 노동 운동을 상징하는 인물이 된 것일까? 힘 없는 사람들의 노동 조건을 개선하기 위해 노력하다 스스로 자기 몸에 불을 붙인 사람……. 그를 만나 자세한 이야기를 들어 보자.

안녕하세요, 전태일 씨. 바로 인터뷰를 시작하겠습니다. 본인은 옷감을 자르는 기술자라 먹고살 만했을 텐데, 굳이 허드렛일을 하는 소녀들을 위해 사장에게 항의를 한 까닭은 무엇이었나요?

저희 집도 무척 가난해서 밥을 먹을 때보다 굶을 때가 많았어요. 같이 일하는 어린 소녀들이 밥도 못 먹으면서 밤새워 일하는 걸 도저히 두고 볼 수가 없었지요. 그래서 차비를 아껴 아이들에게 먹을거리를 사 주기도 했지만, 그걸로는 문제를 해결할 수 없었어요. 창문도 없이 먼지 가득한 작업장에서 일하고 그 대가를 제대로 받지 못하는 것은 평화시장에서 일하는 우리 모두의 문제였어요.

그래도 다른 사람들은 사장에게 항의하고 시위를 하는 대신 어떻게든 기술을 배우고 돈을 벌어서 그곳을 벗어나려고 했잖아요.

네, 처음에는 저도 그러려고 했어요. 그런데 어느 순간 깨달았어요. 주는 대로 받고 시키는 대로 일하면서 혼자만 성공하려고 노력하는 우리는 모두 바보로구나. 아무리 노력해도 성공하기 힘들 뿐 아니라, 혼자 성공한다 해도 문제는 그대로 남아 있는 것이니까요. 그 대신 우리가 함께 힘을 모아서 세상을 바꾼다면 모두가 훨씬 더 잘살 수 있을 것 같았어요. 그래서 친구들과 함께 '바보회'라는 단체를 만들어서 평화시장을 바꾸려고 했어요.

바보회요? 바보회는 어떤 일을 했나요?

같이 모여서 근로 기준법을 공부하고 평화시장 노동자들의 어려움을 조사했어요. 근로 기준법을 처음 읽었을 때는 정말 충격을 많이 받았어요. 우리가 이렇게 나쁜 환경에서 쥐꼬리만 한 월급을 받으며 밤새워 일하는 것이 모두 불법이었으니까요. 우리는 이런 불법적인 상황들을 조사해서 정부에 고쳐 줄 것을 요구하기도 했어요.

그런데 그런 노력들을 하다가 자기 몸에 스스로 불을 붙인 이유는 무엇인가요?

아무리 노력해도 세상은 변하지 않고 사람들은 여전히 무관심했어요. 그래서 이름뿐인 법을 불에 태워 버리기로 마음먹었고, 세상의 관심을 끌기 위해서는 내 한목숨을 희생하는 것이 필요하다고 생각하게 되었죠.

너무나 안타깝습니다. 하지만 당신의 죽음으로 세상은 노동자들의 비참한 상황에 관심을 갖게 되었어요. 노동자들 스스로도 세상을 바꾸려는 노력을 시작했고요.

네, 그래요. 하지만 여전히 힘들고 어려운 노동자들이 많아요. 그러니 지금도 힘을 합쳐 세상을 바꾸려는 노력이 필요해요. 이제는 제가 아니라 바로 여러분들이 앞장서야죠. 여러분도 노동자가 될 테니까요.

역사 현장 답사

엄마, 아빠 어렸을 적 엿보기, 한국근현대사박물관

한국근현대사박물관 외관(왼쪽)과 풍물관(오른쪽)

경기도 파주 헤이리에 있는 한국근현대사박물관은 우리나라 1960~1970년대까지의 생활 모습을 생생하게 볼 수 있는 장소야. 그러니까 여러분의 엄마, 아빠 어렸을 적 모습들을 그대로 볼 수 있다는 말씀! 여러분의 부모님이 여러분만 했을 때 무엇을 먹고, 무엇을 입고, 무엇을 하며 놀았는지 알 수 있단다.

그런데 이런 것들도 역사냐고? 물론이지! 아주 중요한 역사야. 박정희 대통령이 유신 헌법을 공포하고 국민들이 이에 저항한 것을 '정치사'라 하고, 경제 개발 5개년 계획으로 나라의 살림이 변하는 과정을 '경제사'라고 한다면, 사람들이 입고 먹고 즐긴 것들은 '생활사'라고 불러.

한국근현대사박물관의 가장 큰 특징은 여느 박물관처럼 유물을 띄엄띄엄 전시해 놓은 것이 아니라, 주제를 정해서 당시의 생활 모습을 그대로 재현해 놓았다는 점이야. 1960~1970년대의 골목길, 학교와 교실, 달동네 풍경 등이 거미줄처럼 연결되어 있는 것이 마치 영화 세트장처럼 보이는구나. 그런데 달동네가 뭐냐고? 산등성이나 산비탈 같은 높은 곳에 가난한 사람들이 모여 사는 마을이야. 사람들이 농촌에서 도시로 갑자기 몰려들면서 도시에 살 곳이 부족해져서 산 중턱까지 올라가 집을 짓게 된 거지.

한국근현대사박물관은 크게 풍물관, 문화관, 역사관 등으로 나뉘어 있어. 지하에 있는

문화관(왼쪽)과 역사관(오른쪽)

풍물관에는 옛날 골목길에 이발소와 방앗간, 전당포 같은 가게들을 꾸며 놓았어. 요즘은 남녀 모두 미용실에 가서 머리를 손질하지만 옛날에는 남자들 거의 대부분이 이발소에서 머리를 깎았어. 방앗간에서는 곡식을 빻거나 떡을 만들어 주었지. 전당포는 물건을 맡기고 돈을 빌릴 수 있는 곳이야. 문화관에는 교실과 문방구, 동네 구멍가게와 만화방이 보이네. 엄마, 아빠가 어렸을 때는 마트가 없었어. 그 대신 동네마다 작은 가게에서 필요한 것들을 팔았는데, 그런 곳을 구멍가게라고 불렀단다. 역사관에서는 일제 강점기부터 최근까지 우리나라 근현대 역사를 사진으로 볼 수 있어. 풍물관과 문화관에서 유물로 보았던 장면을 사진으로 한 번 더 확인하는 셈이야.

:: 알아 두기 ::
가는 길 지하철 2, 6호선 합정역 1번 출구로 나와 버스를 타고 헤이리 예술마을에서 내리면 마을로 들어가는 입구에 있어.

관람 소요 시간 약 1시간.

휴관일 매주 월요일.

추천 코스 지하의 풍물관에서 시작해 1, 2층의 문화관을 본 뒤 3층 역사관까지 둘러봐.

1979년 ● 12·12 군사 반란이 일어나다

1980년 ● 5·18 민주화 운동이 일어나다

1987년 ● 6월 민주 항쟁으로
6·29 민주화 선언이 발표되다
1988년 ● 서울 올림픽 대회가 개최되다

1994년 ● 북한의 김일성이 숨지다

1995년 ● 지방 자치 제도가 본격적으로 실시되다

1997년 ● IMF 외환 위기를 겪다

2000년 ● 제1차 남북 정상 회담으로
6·15 남북 공동 선언이 발표되다

2002년 ● 한일 월드컵이 개최되다

2007년 ● 제2차 남북 정상 회담이 열리다

현재

3부

새로운 대한민국 만들기

8교시 | **민주주의를 향해 앞으로, 앞으로!** _ 국립 5·18 민주 묘지
9교시 | **경제를 일으키고 위기를 이겨 내다** _ 올림픽공원
10교시 | **새로운 사회, 새로운 문화** _ 대한민국역사박물관
11교시 | **평화와 통일, 그리고 대한민국의 미래** _ 북한 평양

8교시
민주주의를 향해 앞으로, 앞으로!

> 박정희 대통령이 서거하자 사람들은 이제야말로 민주주의가 이루어질 것으로 기대했어. 하지만 이번에도 군사 정변이 일어났지 뭐야. 더욱 나쁜 일도 생겼어. 민주주의를 요구하는 국민들을 군인들이 집단으로 살해한 거야. 그러고는 민주주의를 외치는 사람들을 잡아 가두기 시작했어. 그래도 사람들은 민주주의를 향한 발걸음을 멈추지 않았단다.

여기는 전라남도 광주에 있는 국립 5·18 민주 묘지야. 왠지 귀에 익은 이름이지? 6교시 때 서울에 있는 국립 4·19 민주 묘지에 갔잖아. 국립 4·19 민주 묘지가 4·19 혁명 때 목숨을 잃은 분들을 모신 곳이라면 이곳은 5·18 민주화 운동 때 희생당한 분들이 잠들어 있는 곳이야. 묘지 중앙에는 이때 세상을 떠난 분들을 추모하는 탑이 세워져 있어. 두 개의 거대한 콘크리트 기둥이 솟아오른 모양이 꼭 하늘을 향해 두 손을 모으고 기도하는 것 같구나.

5·18 민주화 운동은 4·19 혁명처럼 독재를 몰아내고 민주주의를 지키기 위해 시민들이 거리로 나선 사건이야. 1980년 5월 18일, 바로 이곳 광주에서 일어났지. 박정희 대통령이 부하의 총에 목숨을 잃은 지 꼭 7개월 만의 일이로구나. 그사이에 과연 무슨 일이 벌

어진 걸까?

📖 유신 체제가 끝나게 되자 국민들은 오랫동안 바랐던 민주화가 이루어질 것으로 기대하였다. 그러나 전두환을 중심으로 하는 일부 군인들이 정변을 일으켜 국민들의 기대는 또다시 무너지게 되었다.

가만, 전두환이라면 가끔 신문이나 텔레비전에 나오는 그 전두환 전 대통령? 맞아. 그러니까 우리나라 현대사에서 군사 정변을 통해

대통령이 된 사람이 둘인 거야. 박정희와 전두환.

하지만 두 사람이 권력을 잡는 과정은 좀 달랐어. 박정희는 4·19 혁명이 일어나고 1년쯤 뒤에 군사 정변을 일으켜서 바로 정권을 잡았는데, 전두환은 10월 26일 박정희 대통령이 서거하고 나서 두 번의 사건을 통해 정권을 잡았단다. 먼저 자기보다 높은 계급의 군인들을 잡아들여서 군대의 권력을 장악한 다음, 5·18 민주화 운동을 잔인하게 짓밟으면서 대통령의 자리에 오른 거야.

지금부터 박정희 대통령의 서거부터 전두환이 대통령에 오르기까지의 과정을 꼼꼼히 살펴보기로 하자.

군홧발에 짓밟힌 민주주의의 봄

박정희 대통령이 죽자 국무총리였던 최규하가 대통령의 권력을 이어받았어. 그런데 그때부터 군대 안에 있던 '하나회'가 움직이기 시작했지. 하나회는 육군 사관 학교 출신인 전두환, 노태우 등의 군인들이 만든 비밀 조직이었어. 군인들이 자기들 마음대로 조직을 만드는 것은 불법이었어. 그런데 박정희 대통령은 하나회라는 조직이 있다는 것을 알고 있었을 뿐 아니라 이들을 적극적으로 키워 주었단다. 하나회는 박정희 대통령에게 충성을 다했거든. 덕분에 하나회 군인들은 다른 군인보다 진급도 빨리하고, 힘 있고 중요한 자리에 갈 수 있었지.

박정희 대통령의 죽음으로 하나회 세력은 든든한 버팀목을 잃었어. 당시 군대를 이끌었던 육군 참모 총장 정승화는 하나회 세력을 견제하기 위해 전두환을 지방으로 보내려고 했지. 그러자 하나회 소속의 전두환 등이 1979년 12월 12일 대통령의 허락도 없이 군대를 동원하여 육군 참모 총장을 체포하고는 군부의 권력을 장악했어. 이 과정에서 군사적인 충돌이 일어나 군인들이 목숨을 잃었단다. 이 사건을 '12·12 군사 반란'이라고 불러. 이들은 상급자인 육군 참모 총장이 반란을 일으키려 했다고 주장했지. 반란을 일으킨 것은 자기들이면서 말이야. 이 군사 반란을 일으키며 새롭게 등장해 권력을 쥔 군인 세력을 '신군부 세력'이라고 부른단다.

반란이 일어나는 동안 대통령은 무얼 하고 있었느냐고? 박정희

대통령이 서거한 이후 권력을 이어받은 최규하 대통령은 아무런 힘이 없었어. 실제로 권력을 가진 것은 신군부 세력이었거든. 안타깝지만 최규하 대통령은 물러날 때까지 자기 목소리를 제대로 내보지 못했단다. '허수아비 대통령'이라는 별명이 붙을 정도였어.

이때 학생들과 시민들이 거리로 쏟아져 나왔어. 새롭게 권력을 잡은 신군부 세력을 반대하고 민주주의를 지키기 위해서였지. 아래의 사진은 당시 서울역 앞 시위 현장의 모습이야. 사람들이 정말 개미 떼처럼 모여 있구나. 1980년 5월 15일, 서울역 광장에 10만여 명의 학생들이 모여 민주화를 요구하는 장면이야. 사람들은 이때를 '서울의 봄'이라고 불렀어. 1968년에 동유럽에 있는 체코슬로바키아(체코와 슬로바키아가 분리되기 전의 연방국 이름)의 수도 프라하에

1980년 '서울의 봄' 당시 서울역 집회

서 벌어진 민주화 운동을 '프라하의 봄'이라고 부른 데서 따온 이름이지. 이제야말로 우리나라에 민주주의의 봄이 오는 것일까?

하지만 상황은 정반대였어. 이틀 후 전두환 등 군인들이 전국에 비상 계엄령을 선포하고 국회 문을 닫아 버렸거든. '비상 계엄령'이란 나라에 반란이나 전쟁 같은 큰일이 생겼을 때 일정한 기간 동안 군대(계엄군)가 치안을 유지하게 하는 조치를 말해. 비상 계엄령이 전국에 선포되면 비상 계엄 사령관이 모든 권력을 쥐게 된단다. 자기 마음대로 정부도 움직이고 재판도 할 수 있어. 물론 대통령이 그 위에 있지만, 당시 최규하 대통령은 힘이 없었어. 모든 것은 전두환이 이끄는 신군부 세력의 뜻대로 되었지. 이들은 민주주의를 외치는 정치인을 잡아 가두고 언론과 시위의 자유마저 막아 버렸어. 군대를 손에 넣은 신군부 세력이 이제 나라마저 손아귀에 넣은 거야. 마치 박정희가 5·16 군사 정변을 통해서 그렇게 했던 것처럼 말이야.

하지만 시민들의 별다른 저항 없이 쉽게 정권을 장악한 5·16 군사 정변 때와는 달리, 이번에는 시민들이 보고만 있지 않았어. 전두환을 중심으로 한 신군부 세력이 등장해 민주화에 대한 기대와 열망을 짓밟자 1980년 봄부터 시민들과 대학생들은 전국 곳곳에서 민주화를 요구하며 시위를 벌이기 시작했어. 서울에서 시작된 민주화 시위는 지방의 대도시로 퍼져 나갔고 전라남도 광주에서 절정을 이루게 되었단다.

 **프라하의 봄**

제2차 세계 대전이 끝나고 동유럽 지역에는 소련의 지원을 받는 사회주의 국가들이 들어서게 되었어. 소련은 이들을 지원하는 동시에 사사건건 간섭했지. 특히 사회주의와 소련을 반대하지 못하도록 표현의 자유와 민주주의를 억압했어. 그런 나라 가운데 하나였던 체코슬로바키아에 1968년에 새로운 정권이 들어서면서 자유 민주화 운동인 '프라하의 봄'이 시작되었어. 체코슬로바키아의 새 정권은 소련에 맞서서 사람들의 자유와 민주주의를 되찾기 시작했거든. 하지만 불행히도 프라하의 봄은 오래가지 못했어. 소련의 군대가 프라하를 점령하고 새 정권을 몰아내 버렸거든.

독재는 물러가라, 광주 시민 나가신다!

1980년 5월 18일 광주에서는 민주주의의 회복을 요구하는 대규모 시위가 일어났다. 전두환을 중심으로 한 일부 군인들은 군대를 동원하여 이를 폭력적으로 진압하였고, 이 과정에서 많은 희생자가 발생하였다(5·18 민주화 운동). 5·18 민주화 운동은 이후 민주화 운동의 밑거름이 되었다.

이쯤에서 국립 5·18 민주 묘지를 잠시 더 둘러볼까? 처음에 본 추모탑 옆에 당시 상황을 묘사해 놓은 조각상이 보이네. 그런데 사람들이 손에 총을 들고 있어. 그렇다면 이들은 전두환이 보낸 군인일까? 하지만 군복을 입지 않았고 철모도 쓰지 않았어. 이 사람들은 5·18 민주화 운동 당시 총을 들고 계엄군과 맞섰던 시민군이야. 시민들이 민주주의를 지키기 위해 스스로 총을 들었기 때문에 시민군이라고 부르는 거야. 이건 정말 4·19 혁명 때와는 다른 모습이군. 도대체 어떤 일이 벌어졌길래 시민들이 총을 들게 된 것일까?

시작은 1980년 5월 18일에 벌어진 군인들의 폭력이었어. 이날 오후부터 군인들이 민주화를 요구하는 학생들을 마구 때리기 시작했어. 피를 흘리는 학생들을 때리고 또 때리고……. 도저히 눈 뜨고는 못 볼 장면이 이어졌어. 보다 못한 시민들이 말리려고 하자 군인들은 시민들도 똑같이 때리기 시작했어.

이 일은 신군부의 작전 아래 진행된 것이었어. 광주에서 벌어진 민주화 운동을 폭력을 써서 잔인하게 억눌러 국민들을 공포에 빠뜨리고 꼼짝 못하게 만들려는 작전. 이렇게 해서 자기들 마음대로

광주 시민군을 묘사한 조각상

계엄령을 없애라고 외치는 시민들이 군인들과 맞서는 모습

권력을 휘두르려고 한 거야.

그런데 군인들의 폭력이 잔인해질수록 시위에 참여하는 사람들의 숫자는 늘어만 갔어. 죄 없는 사람들이 죽어 가는 모습을 본 많은 광주 시민들이 거리로 쏟아져 나온 거야. 이제는 군인들이 도망가는 처지가 되었어. 그러자 군인들은 총을 쏘기 시작했지. 마치 4·19 혁명 때 경찰들이 그랬던 것처럼 말이야.

목숨이 위험해진 시민들은 파출소를 습격해서 그곳에 있던 총을 가지고 군인들에 맞섰어. 하지만 탱크를 앞세운 대규모 진압군을 이길 수는 없었단다. 결국 수많은 사람들이 죽고 다쳤지.

군인들은 이때 죽은 사람들을 청소차에 싣고서 광주 망월동 묘지에 버리듯 파묻어 버렸어. 너무나 끔찍한 일이었어. 살아남은 가족

사진으로 보는 5·18 민주화 운동

1. 1980년 5월 14~16일 대학가와 전남 도청을 중심으로 신군부를 반대하고 민주화를 요구하는 시위가 벌어졌다.

이때부터 비극이 시작된 거야.

2. 5월 18일 계엄군이 시위대를 폭력으로 억누르기 시작했다.

3. 5월 21일 계엄군이 시위대에게 총기를 사용하자 시민들도 스스로를 보호하려고 무장했다.

4. 5월 21~26일 고립된 광주에서는 시민 스스로 질서를 유지하고 있었으나 신군부는 다른 지역에 광주가 폭동이 일어나 혼란스러운 곳이라 전했다.

5. 5월 27일 물러났던 계엄군이 다시 시내로 들어와 시위대에게 무차별적으로 총을 쏴 수많은 사람들이 죽거나 부상당하고 체포되었다.

광주에서 폭동이 일어났습니다.

진실이 아닌 것 같은데?

들은 군인들이 무서워 마음 놓고 슬퍼할 수조차 없었지.

당시 광주에서 벌어진 이런 일들에 대해 다른 지역 사람들은 잘 몰랐어. 정권을 장악한 신군부 세력이 언론에 사실대로 보도하지 못하게 했기 때문이지. 그 뒤 전국에서 많은 사람들이 망월동 묘지를 찾아와 희생자들의 넋을 위로했단다. 5·18 민주화 운동은 실패로 끝났지만, 이후 민주화 운동의 새로운 변화를 가져다준 계기가 되었어.

국립 5·18 민주 묘지에서 길 하나만 건너면 망월동 묘지야. 그곳에 묻혀 있던 희생자들을 이곳으로 옮겨 와 국립 5·18 민주 묘지를 만든 것이지. 아직도 그곳에는 그때 세상을 떠난 분들의 사진과 비석이 남아 있단다. 우리도 그곳에 잠시 들러서 지금 우리가 누리고 있는 소중한 민주주의를 지키겠다는 다짐을 해 볼까?

또 하나의 죽음으로 되찾은 민주주의

5·18 민주화 운동을 잔인하게 짓밟은 전두환은 몇 개월 뒤인 1980년 9월에 대통령이 되었어. 유신 헌법에 따라 '통일 주체 국민 회의'에서 뽑혔지. 박정희 대통령처럼 말이야. 통일 주체 국민 회의는 커다란 체육관에서 투표를 했기 때문에 여기서 뽑힌 대통령을 '체육관 대통령'이라고 부르기도 해. 국민들이 뽑은 대통령이 아니라는 뜻이야.

전두환 대통령이 가장 먼저 한 일은 언론의 입을 막는 것이었어.

사실 이 일은 그가 대통령이 되기 전부터 시작되었단다. 정권을 잡은 군인들의 잘못을 비판하는 기자들을 신문사와 방송사에서 내쫓고 민주주의를 주장하는 잡지들과 신문들을 없애 버린 거야. 대통령이 된 후에는 방송마저도 몇 개만 남기고는 모두 없앴지. 신문, 잡지, 방송의 수가 적어야 국민들을 자기들 마음대로 조종하기가 쉬웠거든.

또 신문이나 방송에서 보도해야 할 것과 하지 말아야 할 것들을 정해 주었어. 전두환 대통령을 돋보이게 하는 기사는 크게 키우고, 정권을 비판하는 기사는 절대 실어서는 안 되고……. 이러한 '보도 지침'을 매일같이 언론사로 내려보냈단다.

이렇게 정부가 언론을 제 마음대로 주무르니 대부분의 국민들은 정권의 잘못을 잘 알지 못했어. 자기들 마음에 들지 않는 사람이 있으면 몰래 잡아다가 고문을 해도 신문과 방송은 입을 다물고 있었으니까. 인터넷이나 스마트폰으로 원하는 내용을 찾아보면 되지 않느냐고? 그때는 컴퓨터도 거의 없고, 스마트폰도 없던 시절이었거든.

이때 학생들이 나섰어. 4·19 혁명 때 학생들이 앞장서서 부정 선거를 규탄하고 나선 것처럼 전국의 대학생들이 시위를 벌였지. 이번에는 군사 반란을 일으키고, 광주의 많은 시민들을 무참히 죽인 정권의 잘못을 규탄하는 시위였어. 이런 시위는 전두환 정권이 들어서고 나서 몇 년 동안이나 계속되었고, 국민들도 점차 학생들의 목소리에 귀를 기울이게 되었어.

그러던 1987년 1월 14일, 당시 서울대학교에 다니던 박종철이라는 학생이 경찰의 고문을 받다 끝내 숨을 거두고 만 사건이 일어났어. 그런데 이튿날 경찰은 "박종철에게 의심스러운 점이 있어 조사를 하던 중 책상을 '탁' 하고 치니, '억' 하고 죽었다."라고 발표했어. 언론을 통해 이 이야기를 들은 모든 국민들이 분노했어. 세상에, 거짓말도 정도껏 해야지. 이건 해도 해도 너무하잖아?

박종철 고문 사건을 보도한 『동아일보』 1면(1987년 1월 19일자)

화가 머리끝까지 난 시민들이 거리로 쏟아져 나왔어. 4·19 혁명 직전에 눈에 최루탄 파편이 박힌 채 바다에 떠오른 고등학생 김주열의 시신을 보고 사람들이 분노한 것처럼 말이야.

> 📖 국민들은 대통령을 국민의 손으로 직접 뽑는 직선제 개헌을 비롯하여 민주주의의 회복을 요구하며 대규모 시위를 벌였다. 민주주의를 요구하는 학생과 시민의 목소리는 국민의 호응을 받았고, 마침내 대통령 직선제의 내용을 담은 6·29 민주화 선언이 발표되었다(6월 민주 항쟁).

거리로 나선 학생들과 시민들은 대통령을 국민들이 직접 뽑는 것(대통령 직선제)이 민주주의를 위해 가장 중요하다고 생각했어. 국민들이 뽑지 않은 대통령은 국민들을 위하지 않는다는 것을 똑똑히 보았으니까. 그런데 대통령을 국민들이 직접 뽑으려면 헌법을 고쳐야 했거든. 그래서 대통령 직선제로 헌법을 고치는 개헌을 요구한 거야. 이런 요구는 박종철이 죽기 이전부터 있었어. 하지만 박종철의 죽음 이후 더욱 많은 학생들과 시민들이 거리로 나서기 시작했지. 그래도 전두환 정권은 끄떡도 하지 않았어. 오히려 전두환

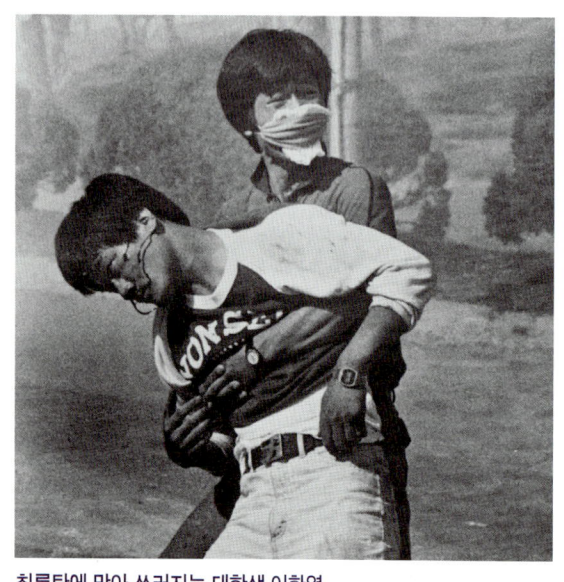

최루탄에 맞아 쓰러지는 대학생 이한열

대통령은 헌법을 고치는 일은 절대 없을 것이라고 선언했지.

그러다 또 하나의 비극이 거리에서 일어났어. 이번에는 연세대학교 학생이던 이한열이 경찰이 쏜 최루탄에 맞아 쓰러졌어. 1987년 6월 9일의 일이었어.

이튿날인 6월 10일부터 전국적으로 수십 만 명의 사람이 거리에 나와서 대통령 직선제로 헌법을 고칠 것을 주장했어. 이런 시위는 6월 내내 계속되었지. 더 이상 버틸 수 없었던 정부는 6월 29일에 대통령 직선제 개헌을 포함해 민주화에 대한 국민들의 요구를 받아들여 특별 선언을 발표하게 된 거란다(6·29 민주화 선언). 드디어 우리나라에도 민주주의의 꽃이 활짝 피어날 수 있게 된 거야.

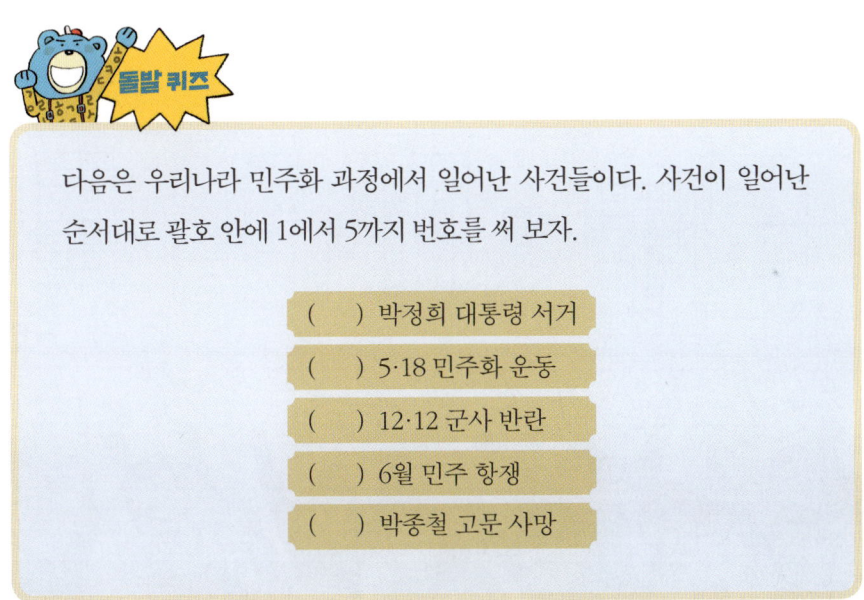

돌발 퀴즈

다음은 우리나라 민주화 과정에서 일어난 사건들이다. 사건이 일어난 순서대로 괄호 안에 1에서 5까지 번호를 써 보자.

( ) 박정희 대통령 서거
( ) 5·18 민주화 운동
( ) 12·12 군사 반란
( ) 6월 민주 항쟁
( ) 박종철 고문 사망

정답 | ①-③-②-⑤-④. 박정희 대통령 서거는 1979년 10월 26일, 12·12 군사 반란은 1979년 12월 12일, 5·18 민주화 운동은 1980년 5월 18일, 박종철 고문 사망은 1987년 1월 14일, 6월 민주 항쟁은 1987년 6월에 벌어진 일이야.

구석구석에 부는 민주화 바람

사회 분위기가 달라지면서 그동안 참았던 말들이 터져 나오기 시작했어. 가장 먼저 입을 연 사람들은 노동자들이었지. 앞에서도 말했듯이 그동안 너무나도 힘든 환경에서 오랜 시간 일을 하고도 터무니없이 적은 월급을 받아 왔거든. 전태일이 자기 몸을 불사르며 근로 조건의 개선을 요구한 뒤로도 상황은 전혀 나아지지 않았던 거야. 6·29 민주화 선언 이후 몇 달 동안 전국의 공장과 작업장에서 노동자들의 시위와 파업이 이어졌단다. '파업'이란 노동자들이

자신들의 요구를 이루기 위해 일을 일시적으로 중단하는 집단행동을 말해. 그러면 안 되는 것 아니냐고? 아니야. 노동자들의 파업은 헌법이 보장하는 권리야. 이전까지 독재 정권이 파업을 못 하도록 막은 것이 오히려 불법이었던 거지. 아무튼 이런 시위와 파업을 통해서 노동 환경이 좋아지고 노동자들의 월급은 올라가게 되었어.

그해(1987년) 12월, 새로 바뀐 헌법에 따라 대통령 선거가 치러졌어. 물론 국민이 직접 투표에 참여했지. 그 결과 노태우 후보가 대통령에 당선되었어. 노태우는 전두환과 함께 군대 안 비밀 조직인

하나회를 만든 신군부 세력의 한 사람이야. 12·12 군사 반란으로 정권을 잡을 때도 함께했었고. 그런데 전두환에 이어 이런 사람이 어떻게 또 대통령이 될 수 있었을까? 여기에는 사연이 있어.

많은 사람들의 노력으로 민주화를 이루었지만, 전두환을 비롯한 하나회 세력이 물러난 것은 아니었어. 이승만처럼 쫓겨난 것이 아니라 국민들의 요구를 받아들여 민주화하겠다고 선언을 한 셈이니까. 그러니 신군부 세력도 대통령 후보를 낼 수 있었어. 이에 맞서

174 3부 새로운 대한민국 만들기

는 정치인으로는 김영삼과 김대중이 나섰어. 이 이름들도 많이 들어 봤지? 맞아. 김영삼 전 대통령과 김대중 전 대통령이야. 하지만 이때는 대통령이 되기 전이었지. 이전까지 민주화 운동을 이끌던 지도자였던 김영삼과 김대중은 서로 자기가 대통령을 하겠다고 모두 선거에 나온 거야. 국민들은 둘이 의견을 모아 한 후보만 나오기를 바랐지만, 결국 누구도 양보하지 않았어. 덕분에 노태우가 대통령에 당선될 수 있었던 거지.

그렇다고 우리나라가 민주화 이전으로 돌아간 것은 아니었어. 6월 항쟁으로 시작된 민주화 바람은 우리 사회 곳곳으로 퍼져 나갔단다. 노동자들은 민주적인 노동조합을 만들어 자신들의 경제적·사회적 지위를 높이려고 노력했고, 선생님들도 노동조합을 만들어서 교육 민주화 운동을 벌였어. 정부에서 지시하는 대로만 가르칠 것이 아니라 진정한 교육이 무엇인지 함께 고민하고 실천하려고 힘을 모은 거야. 신문, 방송 등 언론 기관에서는 기자들이 언론 민주화 운동을 벌였지. 이전까지 정부가 원하는 것만 전하던 모습에서 벗어나 정확한 사실을 제대로 알리기로 한 거야. 또한 시민들은 여러 단체들을 만들어서 우리 사회의 다양한 문제를 해결하려고 노력했어. 교통, 육아, 교육, 환경 문제 등 우리 생활과 관련 있는 모든 문제들을 시민 스스로가 해결하려고 나선 거야. 그리고 또 하나, 우리나라에 지방 자치 제도가 제대로 실시된 것도 큰 변화였어.

 **정의는 살아 있다! 죗값을 치른 전두환과 노태우**

전두환과 노태우가 대통령이 되었다고 해서 그들이 군사 반란을 일으키고 광주 시민들을 죽인 죄가 사라진 것은 아니야. 또한 이들이 대통령으로 있을 때 어마어마한 액수의 뇌물을 챙긴 사실도 드러났지. 노태우의 뒤를 이어 대통령이 된 김영삼은 '역사 바로 세우기'를 추진하면서 전두환과 노태우, 두 전 대통령을 법정에 세웠어. 대법원에서는 전두환에게 무기 징역과 추징금 2,205억 원을, 노태우에게 징역 17년에 추징금 2,628억 원을 선고했어. 무기 징역은 죽을 때까지 감옥에 갇히는 것이고, 추징금은 불법적으로 받은 돈을 나라에 내놓는 것을 말해. 비록 이들이 제대로 징역을 살지 않았지만, 대법원 판결을 통해 이들이 정권을 잡은 것은 법을 어긴 일이라는 것이 분명해졌어.

우리 지역 대표는 우리 손으로!

지방 자치 제도란 한마디로 자기가 사는 지역을 지역 주민 스스로 다스리는 제도야. 우리나라는 현재 우리 손으로 직접 뽑은 지역 대표들이 지역의 일을 결정해 처리하고 있지.

우리 지역 대표가 누구냐고? 시장, 도지사, 군수, 구청장과 같이 시, 도, 군, 구 같은 지역 행정 구역의 일을 맡아 하는 '지방 자치 단체장'이나 시의원, 도의원, 군의원, 구의원 같은 '지방 의회 의원'들이지. 그런데 사는 지역에 따라 뽑아야 하는 사람들이 조금씩 달라져. 예를 들어 특별시나 광역시에 살면 시장, 구청장, 시의원, 구의

원을 뽑고, 일반 시에 살면 도지사, 시장, 도의원, 시의원을 뽑고, 군에 살면 도지사, 군수, 도의원, 군의원을 뽑는단다.

뭐가 뭔지 헷갈린다고? 그래, 이것 참 헷갈려. 여러분만 그런 게 아니라 투표를 하는 어른들도 헷갈리기 일쑤니까. 그러니까 이런 이름들을 무작정 다 외우려고 하기보다는 왜 이 제도를 도입했는지 그 까닭을 아는 것이 더 중요해.

나라를 대표하는 정부나 국회가 지역의 일들까지 모두 결정한다고 생각해 봐. 어떨 것 같니? 각 지역의 상황이나 문제를 속속들이 잘 모르기 때문에 엉뚱한 결정을 내릴 수도 있어.

우리나라의 대통령이나 국회 의원을 우리 손으로 뽑는 것만큼이나 우리 지역 대표를 우리 손으로 뽑는 것은 참 중요해. 그래야 우리의 뜻을 반영해 나라와 지역의 일을 결정하고 처리해 나갈 수 있으니까. 우리가 뽑은 대표가 우리 뜻대로 나라와 지역을 다스리는 것이 바로 민주주의거든. 그래서 미국의 링컨 대통령은 "민주주의란 국민의, 국민에 의한, 국민을 위한 정치"라고 했지.

우리나라의 지방 자치 제도는 1949년에 지방 자치법이 제정되면서 1952년 처음 시행되었어. 그런데 5·16 군사 정변으로 지방 의회가 강제로 해산된 뒤 30여 년 동안 중단되었지. 민주화 이전까지 우리나라에서는 지방 자치 단체장들을 정부에서 마음대로 정했고, 지방 의회는 아예 없었어. 반쪽짜리 민주주의였다고 할 수 있지. 그러니까 지방 자치 제도가 자리를 잡아야 민주주의가 제대로 이루어질 수 있는 거야.

이와 같은 지방 자치 제도가 본격적으로 시작된 것은 김영삼 대통령 때부터였어. 그리고 지금 우리는 대통령과 국회 의원, 시장이나 도지사 같은 지방 자치 단체장, 시 의회나 도 의회 의원 같은 지방 의회 의원들, 그리고 지역의 교육을 책임지는 교육감까지 우리 손으로 직접 뽑고 있단다.

선거를 보통 '민주주의의 꽃'이라고 불러. 그만큼 선거가 민주주의를 이루는 과정에서 중요하다는 말이야. 선거를 통해 나라와 지역의 중요한 정책을 결정할 대표를 뽑으니까. 하지만 선거가 민주주의의 모든 것은 아니야. 우리가 뽑은 대표자들이 제대로 일을 하는지 관심을 가지고 지켜보는 것이 필요해. 잘하면 칭찬을 하고, 그렇지 않으면 제대로 하라고 요구하거나 다음 선거 때 일을 제대로 할 다른 사람을 뽑아야지.

대통령 직선제에서 지방 자치 제도에 이르기까지, 6월 항쟁 이후 우리나라의 민주주의는 많이 발전했어. 이제 민주주의를 위해 목숨 바친 분들의 뒤를 이어 민주주의를 잘 지켜 나가고 더욱 발전시키는 것은 우리 모두의 몫이란다.

우리나라 역대 대통령들

대한민국이 세워진 이후 지금까지 모두 몇 명의 대통령이 있었을까? 알 듯 말 듯 조금 헷갈리기도 해. 그럼 지금부터 손가락을 꼽으며 헤아려 볼까? 먼저 대한민국 최초의 대통령인 이승만 대통령. 이승만 대통령이 4·19 혁명으로 물러나자 뒤를 이은 윤보선 대통령, 5·16 군사 정변으로 정권을 잡은 박정희 대통령, 박정희 대통령이 서거하자 자리를 물려받은 최규하 대통령, 12·12 군사 반란으로 정권을 잡은 전두환 대통령, 국민들의 직접 선거로 뽑힌 노태우 대통령, 오랫동안 민주화 운동을 이끌었던 김영삼 대통령과 김대중 대통령, 시민이 직접 참여하는 민주주의를 강조했던 노무현 대통령, 그리고 이명박 대통령과 박근혜 대통령까지……. 그러니까 2015년 현재까지 모두 11명의 대통령이 대한민국을 이끌어 왔단다.

 역사 현장 답사

4·19 혁명의 정신을 이은 국립 5·18 민주 묘지

민주의 문

    국립 5·18 민주 묘지는 6교시 때 가 본 국립 4·19 민주 묘지와 마찬가지로 민주주의를 위해 희생된 분들의 무덤과 추모비, 기념관 등으로 이루어져 있어. 그런데 이곳에 이와 같은 시설이 들어서게 된 과정은 국립 4·19 민주 묘지와는 달랐지. 독재자를 몰아내는 데 성공한 4·19 혁명의 희생자들을 위한 묘지는 처음부터 정부가 앞장서서 지었어. 하지만 5·18 민주화 운동의 희생자들을 위한 묘지는 그렇지 못했어. 5·18 민주화 운동의 희생자들은 쓰레기차에 실려 와 망월동 묘지에 버려지다시피 묻혔으니까. 그 뒤 망월동 묘지는 전국에서 많은 사람들이 몰려들어 민주주의를 다짐하는 장소가 되었지. 이 모습을 본 독재 정권은 망월동 묘지를 없애려고 했지만 결국 뜻을 이루지 못했어. 그리고 1987년 6월 항쟁으로 민주화를 이루고 10년이 지난 1997년, 망월동 묘지 길 건너에 국립 5·18 민주 묘지를 짓고 문을 열게 되었단다.

    국립 5·18 민주 묘지의 정문 이름은 '민주의 문'이야. 엄숙한 분위기의 높다란 솟을대문

유영봉안소

이 꼭 종묘의 정문을 닮았어. 여기서부터는 왠지 두 손을 모으고 경건한 마음으로 걸어야 할 것 같아. 민주의 문을 지나면 나오는 큰 광장 이름 또한 민주 광장이야. 그 옆에는 5·18추모관이 있어. 다양한 유물과 자료를 보여 주는 전시실에는 추모 공간도 보이는구나. 영상실에서는 당시의 상황을 동영상으로 볼 수도 있지.

민주 광장은 참배 광장으로 이어져. 이곳의 참배로를 따라 걸으면 아까 보았던 추모탑이 나온단다. 참배 광장 왼쪽은 '역사의 문'이야. 이곳은 어린이들에게 5·18 민주화 운동에 대해 알려 주는 어린이 체험 학습관이기도 해. 오른쪽에는 희생자들의 사진을 모아 놓은 유영봉안소가 보여. 국립 4·19 민주 묘지와는 달리 학생들보다는 시민들의 사진이 더 많이 눈에 띄는구나. 물론 앳된 모습에 헐렁한 교복을 입은 학생들도 중간중간 보여.

국립 5·18 민주 묘지 앞길인 민주로를 건너면 망월묘지공원이 나와. 이곳에서 민주주의에 대해 다시 한 번 생각해 보는 것은 어떨까? 5·18 민주화 운동 이후에 이곳을 찾은 사람들이 그랬던 것처럼 말이야.

:: 알아 두기 ::
가는 길 광주역에서 버스를 타고 50분쯤 뒤 공원묘지정류장에 내려 10분쯤 걸으면 도착.
관람 소요 시간 1시간 남짓.
휴관일 연중무휴.
추천 코스 민주의 문을 지나 5·18추모관을 둘러본 후 추모탑에서 참배하고, 유영봉안소와 어린이 체험 학습관을 둘러보고 길 건너 망월묘지공원으로 이동.

9교시
경제를 일으키고 위기를 이겨 내다

> 1987년 민주화가 이루어지면서 경제도 크게 성장했어. 많은 사람들이 자기 차를 갖게 된 것도 바로 이 무렵이었어. 이러한 분위기는 1990년대 중반까지 이어지다가 갑자기 우리나라는 경제 위기를 맞게 된단다. 기업이 망하는 것처럼 우리나라 경제도 쓰러질 지경이 된 거야. 왜 이런 위기가 온 걸까? 우리는 어떻게 이런 위기를 이겨 낼 수 있었을까? 이번 시간에는 우리 경제의 발전과 위기에 대해 살펴보기로 하자.

여기는 올림픽공원이야. 1988년 서울에서 열린 올림픽 대회를 기념해 만든 곳이지. 이곳에는 6개의 전용 경기장과 미술관 등 다양한 문화 시설이 함께 있단다. 맑은 날 산책을 하거나 자전거를 타기에도 아주 좋아. 1권에서 삼국 시대 역사 현장으로 둘러보았던 몽촌토성과 한성백제박물관도 이 올림픽공원 안에 있어. 그런데 왜 이곳에 다시 왔느냐고? 서울 올림픽 대회는 우리나라의 발전을 상징적으로 보여 준 국제 행사거든.

커다란 날개를 편 것 같은 건축물은 올림픽공원의 정문이야. 이름은 '세계평화의 문'. 이름 그대로 세계 평화를 기원하는 문이자 우리나라의 발전을 보여 주는 문이야. 실제로 서울 올림픽 대회가 치러진 1980년대 후반에 우리 경제는 크게 성장했고, 우리나라의 국제 지위도 크게 높아졌단다. 아울러 민주화도 이루기 시작했고, 그때까지 제대로 대접받지 못하던 노동자들의 형편도 나아졌어.

물론 새로운 문제도 생겼어. 올림픽 대회를 보러 오는 외국 손님들이 볼까 봐 창피하다며 서울의 달동네 판잣집들을 철거하는 바람에 수십 만 명의 가난한 사람들이 집에서 쫓겨나야 했거든. 경제 성장의 열매가 대기업과 부유층에는 많이 돌아가는데, 서민들에게는 적게 돌아가는 것도 문제였지. 1980년대부터 1990년대 초반까지 우리 경제가 어떻게 변화했는지 하나씩 살펴보자.

한강의 기적 뒤에 찾아온 경제 위기

　1980년대 초반의 경제 상황은 아주 좋지 않았어. 특히 1980년에는 우리 경제가 6·25 전쟁 이후 처음으로 마이너스 성장을 기록하게 되었단다. 마이너스 성장이 뭐냐고? 경제가 성장하지 않고 후퇴했다는 뜻이지. 이렇게 된 데에는 군사 정변과 민주화 운동 등으로 나라가 혼란스러웠던 탓도 있지만, 박정희 대통령의 경제 정책이 벽에 부딪혔기 때문이기도 했어. 경제 개발 5개년 계획으로 해마다 성장하던 경제가 1970년대 후반이 되자 주춤거리기 시작했거든.

　대체 왜 이런 일이 생긴 걸까? 그 이유 중 하나는 비슷한 공장을 너무 많이 지었기 때문이야. 그것도 철을 만드는 제철소나 배를 만드는 조선소 같은 커다란 공장을 말이지.

　철이나 배 같은 무거운 물건, 석유나 비료 같은 화학 제품을 만드는 공업을 중화학 공업이라고 하는데, 이런 공장을 만드는 데에는 돈이 많이 들어. 우리 정부는 1970년대에 중화학 공업에 집중적으로 투자했어. 비슷한 물건을 만드는 회사가 여러 개 생길 정도로 말이야. 여기서 만든 물건들을 우리도 쓰고 전 세계에 수출하는 동안에는 우리 경제가 빠르게 성장할 수 있었어.

　그런데 1970년대 후반에 석유를 생산하는 중동의 나라들이 전쟁 등의 이유로 석유 생산량을 크게 줄이면서 상황이 달라졌어. 석유 생산량이 줄어드니 석윳값이 올랐고, 석윳값이 치솟자 많은 문제들이 한꺼번에 생겨났지.

　특히 석윳값 인상은 우리나라처럼 경제가 성장하는 데 수출이 중요한 비중을 차지하는 나라에 큰 충격을 주었어. 석윳값이 오르면 물건을 만들고 나르는 데 드는 생산 비용이 올라가고, 그렇게 되면 자연히 물건값이 오를 수밖에 없어. 그러자 우리나라 물건을 수입하던 나라들이 수입량을 확 줄여 버렸지. 가뜩이나 많이 지어 놓은 중화학 공업 공장들은 수출길이 막히자 쉬거나 문을 닫게 되었어. 게다가 국내 물가마저 오르는 바람에 사람들 역시 지갑 문을 닫아 버렸어. 경제 위기가 밀어닥친 거야. 박정희 대통령이 서거하기 직전에 부산과 마산을 비롯해 전국에서 연일 큰 시위가 벌어진 데에는 이런 경제적인 이유도 있었단다.

이런 상황에서 정권을 잡은 전두환 대통령은 비슷한 공장을 운영하는 회사들을 하나로 묶었어. 물론 정부가 이렇게 개인 회사들을 마음대로 묶다 보니 반발도 생기고 억울하게 회사 문을 닫는 일도 생겼어. 하지만 이렇게 함으로써 저마다 따로 운영하면서 들이는 비용을 줄일 수 있었지. 비용이 줄어드니 물건값은 내려가고 수출이 늘어났어. 또한 물가를 안정시켜서 사람들이 물건을 살 수 있게 만들었어. 결과는 어떻게 되었을까?

 경제 발전을 위하여 노력한 결과, 우리나라는 1980년대 중반 이후 물가가 안정되고 수출이 증가하게 되었다. 또한 국내 총생산(GDP)이 늘어나 매년 높은 성장률을 유지하게 되었다. 그리하여 경제적인 면에서 선진국을 뒤쫓는 수준에 올라서게 되었다.

단군 이래 최대의 호황!

'국내 총생산(GDP)'이란 한 나라 안에서 일정 기간 동안 생산된 재화와 서비스의 양을 돈으로 계산하여 합친 것을 말해. 뭔가 알 듯 모를 듯하다고? '재화'는 제품이라고 생각하면 쉬워. '서비스'는 숙박, 의료, 미용 등 물건은 아니지만 사람들에게 편리함을 주는 것을 사고파는 것을 말해. 간단히 말해서 국내 총생산이란 한 나라에서 생산한 상품의 가격을 몽땅 더한 값이야. 이때 상품에는 휴대 전화 같은 제품뿐 아니라 학원 수업, 택배 같은 서비스도 포함되는 거지. 국내 총생산의 영어 약자인 지디피(GDP)는 그로스 도메스틱 프로덕트(Gross Domestic Product)의 줄임말로, 도메스틱(Domestic)은 '국내', 프로덕트(Product)는 '생산물', 그로스(Gross)는 '총합'이란 뜻이니까 합치면 '국내 총생산'이 되지.

국내 총생산은 보통 1년을 기준으로 삼는데, 그 전해에 비해서 국내 총생산이 늘어난 비율이 바로 그해의 경제 성장률이야. 예를 들어 작년에 국내 총생산이 100조였는데, 올해 110조가 되었다면 경제 성장률은 10퍼센트가 되는 거지. 늘어난 10조는 원래 있던 100조의 10퍼센트니까. 만약 10조가 줄었다면? -10퍼센트가 되는 거지. 아까 1980년에 우리나라 경제가 마이너스 성장을 했다고 했지? 그러니까 1979년 국내 총생산보다 1980년의 국내 총생산이 적었던 거야. 경제 성장률이 높으면 호황, 낮거나 마이너스가 되면 불황이라고 부른단다. 아마 호황과 불황이라는 말은 뉴스나 어른들의 대화 속에서 많이 들어 봤을 거야.

경제 성장률(%) = (올해 국내 총생산 - 지난해 국내 총생산) ÷ 지난해 국내 총생산 × 100

그럼 지금부터 경제 성장률을 통해 1980년대 우리나라 경제가 얼마나 성장했는지 알아볼까? 다음의 그래프를 살펴보자.

1978년에는 10.8퍼센트였던 경제 성장률이 이듬해에는 8.6퍼센트로 떨어졌다가 1980년이 되자 -1.7퍼센트로 곤두박질쳤구나.

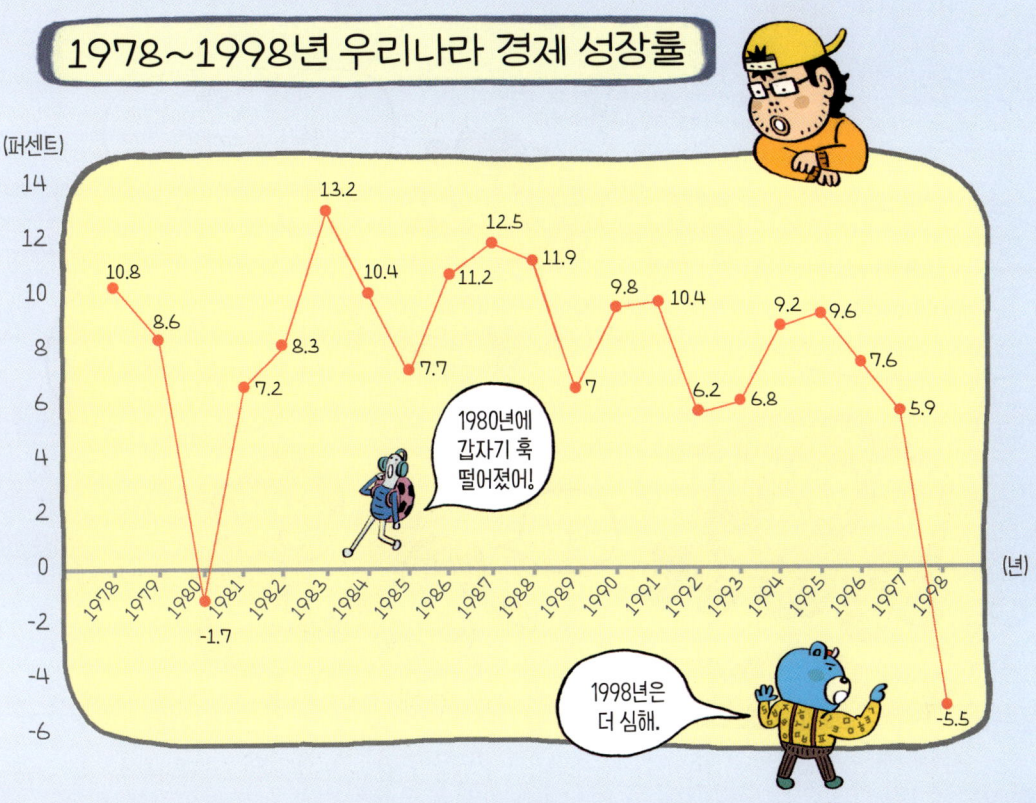

이후에 점차 나아지면서 1986년부터 연속으로 3년 동안은 10퍼센트를 넘었네. 이건 한강의 기적이라 불렸던 1970년대에도 없던 일이었어. 이때 경제 사정이 얼마나 좋았던지 사람들은 이 시기를 '단군 이래 최대의 호황'이라고 불렀단다. 이러한 호황은 1990년대 초, 중반까지 이어졌어.

이렇게 된 데에는 국제 환경이 좋아진 것이 큰 영향을 끼쳤어. 무엇보다 석윳값이 떨어진 것이 주요했지. 1970년대 말에는 석윳값이 올라서 경제 위기가 왔지만, 반대로 석윳값을 내리니까 경제가 좋아진 거야.

　단군 이래 최대의 호황이 계속되니 사람들의 소득 수준도 높아졌어. 1979년에 우리나라 1인당 국민 소득은 1,693달러였는데, 1980년에는 1,660달러로 줄었다가, 1988년에는 4,548달러로 무려 3배 가까이 늘었어. 1995년에는 드디어 1만 달러를 넘어섰지. 경제 개발 5개년 계획을 시작하고 이듬해인 1963년에 100달러였던 국민 소득이 30여 년 만에 100배 넘게 늘어난 거야.

　소득이 늘어나니 사람들의 살림살이도 좋아져서 이 무렵에 많은 사람들이 자기 차를 사기도 했어. 그때까지 자가용은 부자들만 가진 것이었는데, 이제는 대부분의 사람들이 차를 가지게 된 거야. 또 이전까지 외식은 입학식이나 운동회같이 특별한 날에 했지만 이제 많은 사람들이 일상적으로 맛있는 음식점을 찾아다니게 되었어.

위기의 대한민국, 국민들이 나서다!

우리나라가 이대로 쭉 잘살게 되었다면 얼마나 좋았을까? 하지만 상황은 그렇지 못했어.

 1990년대 중반에 들어서면서 정부의 외환 부족으로 인해 우리나라는 심각한 경제 위기를 맞이하게 되었다.

한강의 기적 뒤에 경제 위기가 찾아온 것처럼 단군 이래 최대의 호황이 지난 뒤 경제 위기가 찾아왔단다. 앞의 경제 성장률 그래프를 다시 볼까? 1998년 우리나라의 경제 성장률이 얼마니? 무려 -5.5퍼센트! 경제 위기라던 1980년의 경제 성장률이 -1.7퍼센트였으니, 두 번째 찾아온 경제 위기는 첫 번째보다 훨씬 심각했어. 그렇다면 왜 이런 일이 벌어졌을까?

1970년대 후반의 경제 위기가 석윳값이 올랐기 때문이었다면 1990년대 중반의 경제 위기는 외환이 부족했기 때문이었어. 그래서 이때의 경제 위기를 '외환 위기'라고도 한단다. '외환'이란 서로 다른 돈을 쓰는 나라끼리 거래를 할 때 사용되는 결제 수단을 말해. 보통 금이나 달러가 여기에 해당하지. 예를 들어 우리나라와 일본이 거래를 할 때 우리나라 돈이나 일본 돈 대신 금이나 달러를 사용하는 거란다. 당시 우리나라는 달러가 많이 부족했어.

그런데 왜 우리나라에 달러가 부족한 것이 경제 위기를 불러왔을까? 우리 기업들이 다른 나라에서 빌려 온 달러가 많았거든. 빌려

온 달러는 달러로 갚아야 하는데, 달러가 부족하니 도저히 갚을 수가 없었던 거야. 아니, 경제 호황이 계속되었는데 왜 다른 나라에서 달러를 빌려 왔느냐고? 경제 상황이 좋으니까 기업들은 빚을 얻어서라도 투자를 하려고 했거든. 호황일 때 투자하면 빚을 갚고도 높은 이익을 얻을 수 있었으니까.

때마침 정부에서는 외국의 물건뿐 아니라 돈도 자유롭게 들여올 수 있도록 길을 열어 주었지. 그래야 우리 경제가 더욱 발전할 것이라고 생각했거든. 이전에는 우리 기업이 외국 돈을 빌리기가 몹시 어려웠는데, 이제는 너도나도 달러를 빌릴 수 있게 된 거야. 그러자 기업들은 달러 빚을 내서 사업을 키우기 시작했단다.

처음에는 모든 것이 좋아 보였어. 기업의 덩치가 커지면서 나라 경제의 규모도 커졌으니까. 사람들은 우리도 곧 선진국이 될 거라고 생각했지. 그런데 갑자기 수출이 어려워지면서 위기가 찾아왔어. 이전까지 투자를 너무 많이 한 것도 문제가 되었지. 몸집을 한껏 키운 대기업들이 잇따라 망하면서 우리나라 경제가 휘청거리기 시작했단다. 이대로 가다가는 나라마저 망하게 생겼어.

그래서 우리나라는 '국제 통화 기금'에서 달러를 빌려 와서 외국 빚을 갚았어. 국제 통화 기금이란 경제 위기에 빠진 나라들에 달러를 빌려주기 위해 만든 국제 조직이야. 당시 사람들은 이때의 경제 위기를 '아이엠에프 사태'라고도 불렀어. 국제 통화 기금이 영어 약자로 아이엠에프(IMF, International Monetary Fund)였거든.

그렇게 해서 겨우 달러를 꾸어 나라가 망하는 건 막을 수 있었지

만, 우리나라는 그 대가를 톡톡히 치러야 했어. 국제 통화 기금은 돈을 빌려주면서 여러 가지 까다로운 조건을 달았거든. 외국 기업이 우리나라에서 자유롭게 활동하게 하고, 나라가 국민들을 위해 쓰는 돈을 줄이고, 노동자들을 쉽게 해고할 수 있도록 만들었어. 한 마디로 우리 경제를 자기들 입맛에 맞게 바꿀 것을 요구한 거야. 정부는 어쩔 수 없이 그 조건들을 모두 받아들여야 했어. 그런 탓에 수많은 사람들이 일자리를 잃고 국민들의 살림살이는 어려워졌지. 일자리를 잃은 사람들 가운데에는 돈이 없어 가족이 뿔뿔이 흩어지는 어려움을 겪은 이도 있단다.

하지만 이런 위기 속에서도 우리나라 사람들은 힘을 모으기 시작했어. 김대중 정부는 부실한 기업을 정리하고, 전망이 밝은 정보 통신 기술에 대한 지원을 늘리는 등 우리 경제를 튼튼하게 만들기 위해 노력했어. 국민들 또한 금 모으기 운동 등을 벌이면서 장롱 속의 아기 돌 반지까지 나라 빚을 갚는 데 내놓았단다. 이렇게 국민들이 내놓은 금을 달러로 바꾼 돈만 20억 달러가 넘었대. 20억 달러면 우리 돈으로 2조 원이 넘는 큰 액수야.

정부와 국민이 힘을 모아 노력한 덕분에 우리나라는 외환 위기를 이겨 낼 수 있었어. 국제 통화 기금에서 빌린 돈을 예정보다 3년이나 앞당겨 모두 갚은 거야. 6·25 전쟁의 폐허 속에서도 다시 일어났듯이 경제 위기도 극복해 낸 거란다.

돌발 퀴즈

우리나라의 경제 상황에 대한 설명 중 바르지 않은 것은?

① 1970년대 후반에 외환 부족으로 심각한 경제 위기를 맞았다.
② 1986년부터 1988년까지 10퍼센트가 넘는 경제 성장률을 이어 갔다.
③ 1990년대 중반의 외환 위기 때 국제 통화 기금에서 달러를 빌려서 외국 빚을 갚았다.
④ 1990년대 중반의 외환 위기는 정부의 노력과 국민의 금 모으기 운동 등을 통해 극복할 수 있었다.

정답 | ①번. 1970년대 후반의 경제 위기는 중화학 공업에 너무 많은 투자를 하고, 석윳값이 오른 것 등이 원인이었어.

국민 소득 2만 달러, 이제는 선진국?

외환 위기를 이겨 낸 우리나라는 다시금 성장을 계속했어. 2006년에는 1인당 국민 소득이 2만 달러를 넘어섰고, 경제 규모는 세계 10위권에 들었어. 부족했던 외환도 충분해졌지. 2012년에는 세계에서 일곱 번째로 1인당 국민 소득이 2만 달러가 넘고 인구가 5,000만명 이상인 나라가 되었어. 어때, 뭔가 대단히 잘사는 나라가 된 기분이지?

이뿐만이 아니야. 세계 여러 나라의 대통령이나 수상이 모이는 정상 회의가 대한민국에서 몇 차례 열린 것도 우리나라의 국제 지위가 높아졌다는 것을 보여 준단다.

하지만 경제 위기가 남긴 상처는 여전히 남아 있어. 수많은 노동

2010년 서울에서 열린 G20 정상 회의

자가 일자리를 잃었고, 그 대신 기간을 정해 일시적으로 일하게 하면서 쉽게 해고할 수 있고 월급도 적게 주는 '비정규직 노동자'로 그 자리를 채웠거든. 경제 위기를 겪으면서 전체 노동자들 중 절반 이상이 비정규직이 되었어. 그 전까지는 정년까지 일하도록 보장을 받아 해고도 쉽지 않고 월급도 안정적인 '정규직 노동자'가 대부분이었는데 말이야. 안정된 일자리가 줄어드니까 사람들 사이의 경쟁은 치열해지고 노동자들의 소득은 점점 줄어들었어. 반면에 대기업이나 재산이 많은 사람은 더 많은 이익을 내어 더 잘살게 되었고. 이렇게 되면서 잘사는 사람과 못사는 사람 사이의 차이는 점

점 더 벌어지게 되었단다.

우리나라 사람들의 자살률 또한 아주 높아졌어. 우리나라의 자살률은 벌써 여러 해째 경제 협력 개발 기구(OECD, Organization for Economic Cooperation and Development) 국가들 가운데 1등을 차지하고 있어. 그것도 2등과 엄청난 차이로 말이야. 물론 이러한 현상이 비단 경제적인 이유 때문만은 아니겠지만, 그만큼 우리나라 사람들이 살기가 어렵다는 이야기지.

사실 어떤 나라가 선진국이냐 아니냐를 경제적인 수준만 보고 결정할 수는 없어. 경제뿐 아니라 사회와 문화 그리고 다른 조건들도 중요하단다. 이번 시간에는 우리나라의 경제 발전에 대해 살펴보았으니, 다음에는 사회와 문화의 변화에 대해 살펴보자꾸나.

선진국 클럽, 경제 협력 개발 기구

경제 협력 개발 기구는 이름 그대로 세계 경제를 개발하고 발전시키기 위해 여러 나라들이 모여 협력하는 국제 기구야. 아직 발전하지 못한 나라들을 도와주고 나라 사이의 자유로운 무역을 늘리기 위한 일을 하고 있지. 그런데 이 기구에 소속된 나라들은 미국, 영국, 프랑스, 일본 등 선진국들이 대부분이야. 그래서 경제 협력 개발 기구는 '선진국 클럽'이라는 별명으로도 불린단다. 우리나라는 1996년 말에 여기에 가입했어. 그러면서 다른 나라들을 도와주기 위한 지원금을 내고, 자유 무역을 위해 우리 시장의 문도 활짝 열어야 했어.

그날의 함성, 그날의 영광을! 올림픽공원

올림픽공원 내 몽촌 해자(위)와 조각상 「대화」(아래)

　서울 송파구에 자리 잡은 올림픽공원은 1986년에 완성되었어. 서울 올림픽 대회는 1988년에 개최되지 않았느냐고? 맞아. 그런데 1986년에는 서울 아시아 경기 대회가 있었거든. 아시아 경기 대회가 우리나라에서 개최된 것은 이때가 처음이었어. 이 올림픽공원에 있는 경기장에서 아시아 경기 대회와 올림픽 대회를 치렀단다.
　이곳은 올림픽공원이라는 이름처럼 곳곳에 푸른 숲과 잔디밭이 있는 널찍한 공원 안에 6개의 경기장과 미술관, 야외 조각 공원, 호텔까지 자리 잡고 있어. 올림픽공원의 정문이자 대한민국의 발전을 상징하는 '세계평화의 문' 옆에는 서울 올림픽 대회의 이모저모를 볼 수 있는 서울올림픽기념관이 있어. 생생한 영상과 다양한 자료를 통해 서울 올림픽 대회가 당시 우리에게 어떤 의미였는지 두루 살펴볼 수 있단다.
　선생님이 여러분과 같은 나이였을 때는 학교에서 올림픽 대회에 대한 것들을 참 많이 배웠어. 서울에서 올림픽 대회를 개최하기로 결정한 지 얼마 지나지 않았을 때였거든. 학교뿐 아니라 신문과 방송에서도 우리가 올림픽 대회만 잘 치르면 곧 선진국이 될 것이라고 이야기했단다. 나중에는 거리 곳곳에 올림픽 대회가 며칠 남았다는 표시를 붙여 놓고 올림픽

서울 올림픽 대회 개막식 광경

대회의 성공을 다짐했지. 당시 정권을 잡았던 전두환 대통령이 국민의 관심을 올림픽 대회로 돌려 민주주의를 억압한 자신의 잘못을 덮으려는 속셈도 있었어. 물론 올림픽 대회를 계기로 우리나라가 세계에 많이 알려지고 발전한 것은 사실이야. 올림픽 대회를 전후해서 우리나라 경제는 단군 이래 최대 호황을 맞이했고, 국제 지위 또한 한층 올라갔으니까.

서울올림픽기념관에서 당시의 분위기를 충분히 느꼈다면 공원 곳곳을 걸으면서 여유를 즐겨 보는 것은 어떨까? 아름다운 호수, 멋진 미술관, 세련된 야외 조각 공원을 둘러보면서 말이야.

:: 알아 두기 ::

가는 길 지하철 8호선 몽촌토성역 1번 출구로 나오면 바로 세계평화의 문이 보여.

관람 소요 시간 약 2시간.

휴관일 연중무휴(서울올림픽기념관: 매주 월요일, 1월 1일, 설날·추석날 당일).

추천 코스 세계평화의 문에서 출발해 서울올림픽기념관을 돌아보고 몽촌 해자와 소마미술관, 야외 조각 공원 등을 쉬엄쉬엄 즐겨 보자.

10교시
새로운 사회, 새로운 문화

> 경제가 발전하고 민주화가 되면서 우리 사회와 문화도 많이 변화했어. 우리가 사는 집, 먹는 음식, 입는 옷뿐 아니라 교육이나 의료 같은 사회 제도들도 많은 변화를 겪었단다. 또 많은 외국인들이 우리나라에 들어오면서 우리 사회는 점차 여러 문화가 어우러지는 다문화 사회로 접어들고 있어.

여러분 집 거실에는 텔레비전이 있니? 있다면 보통 화면이 크고 몸체가 얇은 텔레비전이겠지? 화질도 아주 선명하고 말이야. 우리나라 기업에서 만든 텔레비전이 세계 시장에서 선두를 다투고 있으니 당연한 일이지. 그렇다면 우리나라에서 최초로 만든 텔레비전은 어떻게 생겼을까? 오늘은 그걸 보기 위해서 대한민국역사박물관에 다시 왔어.

제3전시실 한쪽을 보면 오래된 텔레비전이 전시되어 있어. 화면이 둥그스름하고 기다란 다리가 달린 것이 요즘 텔레비전과는 사뭇 다르게 생겼어. 이게 바로 우리나라에서 최초로 만든 대한민국 제1호 텔레비전이야. 1966년에 만들어졌는데, 당시 공장 노동자의 1년치 월급과 맞먹을 정도로 값이 비쌌대. 그런데도 사려는 사람이 많아서 추첨을 통해 판매했다는구나. 이때만 해도 텔레비전은 한 집에 한 대가 아니라 동네에 한두 대 정도 있었어. 텔레비전이 본격적으로 보급된 때는 경제 성장이 한창이던 1970년대 중반이었단다. 이후 집집마다 텔레비전을 갖게 되면서 사람들의 생활은 달라지기 시작했어.

텔레비전 옆으로는 대한민국 제1호 냉장고, 세탁기, 전자레인지 등이 줄줄이 이어져. 냉장고가 생기면서 사람들은 매일 장을 보지 않아도 됐어. 세탁기는 주부들의 일손을 덜어 주었고, 전자레인지는 요리 방법을 크게 변화시켰어. 그 옆으로는 1교시 때 봤던 대한민국 수출 1호 자동차인 포니 자동차가 당당히 서 있군.

1980년대 후반 들어 단군 이래 최대 호황을 이루고, 많은 사람들이 자동차를 사기 시작하면서 사람들의 생활 양식은 크게 바뀌었단다. 마음만 먹으면 차를 몰고 어디든지 갈 수 있으니 말이야. 사람들의 생활은 편리해지고 여행과 외식이 크게 늘었지.

피자와 치킨은 언제부터 먹었을까?

여기서 질문 하나! 여러분이 가장 좋아하는 음식이 뭐야? 라면? 치킨? 아니면 피자? 뜬금없이 웬 질문이냐고? 사회가 변하면서 우리가 먹는 음식까지 바뀌었다는 것을 알려 주려고.

일본에서 처음 만들어진 인스턴트 라면이 우리나라에서 생산된 것은 1963년의 일이야. 처음 나왔을 때는 맛이 낯설어서 사람들이 별로 사지 않았는데, 정부가 밀가루 소비를 적극 장려하는 바람에 많이 팔리게 되었단다. 당시에는 쌀이 부족해서 정부가 앞장서서 밀가루와 보리 같은 잡곡을 먹으라고 권장했거든.

우리가 좋아하는 치킨도 여러 차례 변신을 거듭했어. 전기 구이 통닭에서 시작해 프라이드 치킨을 거쳐 양념 치킨까지 진화한 것이지. 미국의 켄터키 프라이드 치킨이 우리나라에 처음 들어온 때는 1984년이야. 그때부터 우리나라 사람들은 치킨의 바삭한 튀김옷에 푹 빠지게 되었단다. 그 뒤로 우리만의 독특한 양념 치킨이 개발되면서 지금의 사람들은 다양한 치킨을 즐기고 있어.

원래 이탈리아 음식인 피자는 1986년 서울 아시아 경기 대회와 1988년 서울 올림픽 대회를 거치면서 우리나라에 널리 퍼지게 되었어. 이 국제 행사를 계기로 많은 외국인들이 우리나라를 찾았고,

자연스럽게 그들이 먹는 음식도 유행하게 된 거야.

가만, 그러고 보니 라면, 치킨, 피자 모두 최근 몇십 년 사이에 다른 나라에서 들어온 음식들이로구나. 하지만 지금은 이런 음식들이 없는 생활을 상상할 수도 없어. 그러니까 수십 년 동안 우리의 일상생활이 얼마나 많이 바뀌었는지 알 수 있겠지?

단독 주택에서 아파트로

경제가 발전하면서 가전제품과 음식만 달라진 것이 아니야. 사람들이 사는 집의 형태도 바뀌었단다. 단독 주택보다 아파트에 사는 사람들이 많아졌어. 단독 주택이란 이름 그대로 집 한 채가 따로 자리 잡은 주택이야.

대한민국역사박물관에는 1962년에 지어진 아파트의 모형이 전시되어 있어. 50년도 더 된 아파트지만 지금의 모습과 크게 다르지 않아. 문을 열고 들어가면 소파가 있는 거실이 나오고, 그 뒤로는 안방과 아이들 공부방, 옆에는 냉장고가 있는 부엌과 화장실이 보이네. 안방에 침대 대신 커다란 장롱이 있다는 것이 요즘과 다른 점이야.

그렇다면 이 무렵 단독 주택은? 먼저 대문을 열고 들어가면 마당이 있어. ㄱ자로 생긴 집 가운데에 마루가 있고, 그 양옆으로 안방과 건넌방, 한쪽에는 부엌이 있지. 마당 한쪽으로 장독대가 놓여 있고, 다른 구석에는 조그만 화장실이 따로 있어. 이건 조선 시대부터

이어져 온 전통 한옥을 현대 도시에 맞게 고친 '도시형 한옥'을 묘사한 거야. 1970년대까지만 해도 도시에는 아파트보다 이런 한옥들이 훨씬 더 많았단다.

  사람들의 생활 모습도 어떤 집에 사느냐에 따라 달랐어. 단독 주택에 사는 아이들은 주로 집 사이로 난 골목길에 나와 놀았어. 아파트의 아이들은? 놀이터에 모여 놀았지. 단독 주택에 사는 사람들은 이웃에 누가 사는지, 그 집 사정이 어떤지 잘 알고 있었어. 아파트에 사는 사람들은? 옆집에 누가 사는지 잘 모를 때도 많아. 단독 주택에 살던 사람들이 아파트로 옮겨 가 살면서 사람들의 생활도 많이 달라졌어.

요람에서 무덤까지 나라가 책임진다!

'요람에서 무덤까지'라는 말을 들어 본 적이 있니? 유럽의 복지 제도를 설명할 때 흔히 쓰는 표현인데, 아기를 태우는 요람에서 죽은 뒤에 묻히는 무덤까지 나라가 개인의 복지를 책임진다는 뜻이야. 아, 그런데 복지가 뭐냐고? '복지'란 행복을 누리며 사는 거야. 그런데 개인의 행복은 스스로가 챙겨야 하는 거 아니냐고? 이걸 나라에서 책임진다는 것이 좀 이상한 거 아니냐고?

하지만 생각해 봐. 사람이 혼자가 아니라 여럿이 모여서 사회를 이루고 사는 까닭이 뭘까? 어려울 때 다른 사람의 도움을 받기 위해서야. 반대로 다른 사람이 어려울 때에는 내가 도와야 해. 그래야 사회가 유지될 수 있으니까.

옛날에도 흉년이 들면 나라에서 곡식을 나누어 주었고, 아이가 태어나면 마을 사람들 모두가 힘을 합쳐 키웠어. 장애인이나 치매 환자가 생기면 이웃들이 함께 보살펴 주었지.

오늘날 인류가 이렇게 번성할 수 있었던 것도 사람들이 사회를 이루고 서로 도왔기 때문이야. 그래서 국민이 인간으로서 최소한의 행복을 누릴 수 있도록 나라가 여러 가지 제도를 마련해 국민들이 낸 세금으로 보살펴 주는 게 바로 복지 제도야.

그런데 나라마다 복지 수준의 차이가 커. 아무래도 부자 나라는 국민들에게 복지 혜택을 많이 주고 가난한 나라는 혜택이 별로 없지. 우리도 전쟁을 겪으면서 먹고살기 힘든 시절에는 복지를 꿈도 꿀 수 없었지만, 경제가 발전하면서 나름의 복지 제도를 갖추게 되었단다.

 정부는 국민들이 저렴한 비용으로 병원이나 약국을 이용할 수 있도록 하고, 무상 보육 제도를 마련하는 등 복지를 향상시키기 위하여 노력하고 있다. 또 중학교까지 의무 교육을 실시하여 국민들이 교육의 기회를 평등하게 가질 수 있도록 하고 있다.

우리나라 복지 정책 중에서 가장 먼저 시작된 것은 의무 교육 제도야. '의무 교육'이란 이름 그대로 꼭 교육을 받아야 하는 것을 말해. 해방 이듬해인 1946년부터 시작되었으니까, 우리 정부가 들어서기 전인 미군정 때부터 의무 교육이 시작된 셈이야. 6·25 전쟁 중에도 배움을 멈추지 않았던 교육열이 이때부터 시작된 것이로구나.

만약 아이에게 의무 교육을 받게 하지 않으면 부모가 벌금을 물어야 해. 그 대신 의무 교육에 필요한 비용은 나라에서 부담하지. 지금까지는 중학교까지 의무 교육을 했지만 조만간 고등학교도 의무 교육을 실시할 계획이라고 해.

국민들이 저렴한 비용으로 병원이나 약국을 이용할 수 있는 것은

'국민 건강 보험' 덕분이야. 평소에 보험료를 내어 돈을 모아 두었다가 필요할 때 지원을 받는 거야. 한꺼번에 비싼 병원비를 내려면 힘드니까. 1977년에 '의료 보험' 제도를 직장에 다니는 사람을 대상으로 시행했는데, 1980년대 후반에 들어서는 전 국민으로 확대하여 시행하게 되었어. 그러다 2000년에 국민 건강 보험으로 이름을 바꾸고는 오늘에 이르고 있어.

국민 건강 보험은 전 국민이 의무적으로 가입해야 해. 그리고 소득에 따라 보험료를 다르게 내지. 부자는 많이, 가난한 사람은 적게 내는 거야. 그렇지만 혜택은 모두 똑같단다. 그래야 더 많은 사람들이 도움을 받을 수 있으니까. 복지 제도는 부자들에게 더 많은 세금을 거두어서 모든 사람들에게 골고루 혜택을 주는 제도거든.

2013년부터 만 0세부터 만 5세까지의 모든 아이들이 혜택을 받기 시작한 '무상 보육'도 마찬가지야. 누구나 아이를 낳기만 하면 나라에서 키우는 비용을 주는 것이 무상 보육이란다.

이처럼 우리나라는 다양한 복지 제도를 운영하고 있지만, 아직도 복지 수준은 낮은 편이야. 나라 살림 가운데 복지에 쓰는 돈의 비율이 경제 협력 개발 기구에 가입된 나라들 중 꼴찌라니 말이야. 앞으로 부지런히 복지를 늘려 나가야겠네.

> 사람은 누구나 행복할 권리가 있어.

다음은 우리나라에서 복지 혜택을 받고 있는 사람들의 말이다. 이 중 사실인 것은?

① 어제 병원에 갔는데 국민 건강 보험 덕분에 진료비를 조금만 냈어.
② 우리 아들은 고등학생인데 의무 교육이라 등록금이 공짜야.
③ 우리 회사는 직원들이 똑같은 금액의 국민 건강 보험료를 내고 있어.
④ 우리 아이는 셋째라서 유치원비를 몽땅 부모가 부담해야 한대.

정답 | ①번. 의무 교육은 중학교까지고, 수입에 따라 국민 건강 보험료가 달라. 한 가정의 셋째 아이부터는 오히려 혜택이 더 많단다.

인권을 지키고 다른 문화를 인정하는 사회

우리 사회가 발전하면서 좋아진 것은 복지만이 아니야. 경제 성장과 민주화 그리고 과학 기술이 발달하면서 더 많은 것들이 좋아졌단다.

📖 우리나라는 민주화가 이루어지면서 개인의 권익이 최대한 보호받고 있고, 여성의 지위도 향상되고 있다. 의료 기술이 발달하고 생활 환경이 개선되어 국민들의 평균 수명은 점차 늘어나고 있다. 또한 외국인 근로자들이 우리나라에 많이 들어오고, 국제결혼이 늘면서 우리 사회는 점차 다문화 사회로 접어들고 있다.

'인권'이라는 말을 들어 봤어? 말 그대로 인간이 가진 권리, 그러니까 인간이라면 누구나 누려야 할 기본 권리를 말해.

인간은 누구나 자유롭고 안전하게 살아야 할 권리가 있고, 가난한 사람이건 부자건, 외모가 준수하건 아니건, 장애인이건 아니건, 여자건 남자건, 종교가 있건 없건, 외국인이건 우리나라 사람이건, 피부색이 검건 희건 간에 차별받지 않을 권리가 있어. 뭐, 당연한 말들이라고?

하지만 인류 역사에서 이런 당연한 말들이 실천되기 시작한 것은 얼마 되지 않은 일이야. 그리고 아직도 우리 주변에는 외모나 장애, 성별, 국적 등을 이유로 인권이 무시되는 경우가 많아. 특히 사회적 약자들인 여성, 장애인, 아동 등이 차별을 더 받기도 해. 사회적 약자들의 인권이 보장되고 지위가 향상되지 않는다면 진정한 민주주의를 이루었다고 볼 수 없어. 우리나라도 민주화가 이루어지면서 인권에 관심을 갖게 되고 정부에서 국가 인권 위원회를 만들어서 인권이 잘 보호되도록 힘쓰고 있어. 하지만 다른 선진국에 비하면 아직 갈 길이 멀단다.

또한 외국인 노동자가 많이 들어오고 국제결혼이 늘면서, 다른 나라 사람과 문화가 들어와 섞이게 되었어. 이렇게 다문화 사회가 되면서 우리 문화가 풍성해지는 것은 좋은 일이야.

그런데 그 과정에서 외국인들이나 다문화 가정 아이들이 차별을 받는 문제가 생기기도 해. 어떤 사람들은 오랫동안 한 민족 한 나라로 살았던 순수한 우리 문화가 다문화 사회가 되면서 사라질지도 모른다며 걱정하기도 하고. 또한 외국인들이 우리나라 사람들의 일자리를 빼앗아 간다고 주장하는 사람들도 있어.

그런데 우리나라가 옛날부터 하나의 순수한 민족으로 살아왔다는 것은 역사적 사실이 아니야. 우리는 아주 오랜 옛날부터 중국, 일본, 동남아시아, 멀리 아라비아 상인들과도 교류해 왔거든. 그 과정에서 그들의 문화뿐 아니라 사람들도 섞여 들어왔단다. 바로 그랬기 때문에 우리가 발전하며 잘 살아왔는지도 몰라.

많은 사람들은 오늘날 미국이 세계에서 영향력이 크고 잘사는 나라가 된 이유 중 하나가 여러 민족이 어우러져 미국이라는 나라를 만들었기 때문이라고 생각해. 서로 다른 모습과 문화를 인정하고 받아들여서 풍성하고 강한 나라를 이루었다는 거야. 물론 미국 안

에도 흑인과 백인 간의 갈등을 비롯해 여러 가지 문제가 있지만 말이야.

그렇다면 우리는 어떻게 해야 할까?

외국인 노동자나 다문화 가정의 아이들을 우리와 똑같은 한국인으로 만들려고 애쓰기보다는 그들의 인권을 존중하고 그들과 우리가 서로 다름을 이해하는 것이 중요해. 우리가 소중한 만큼 그들도 소중하니 서로의 문화를 존중하고 배우려는 노력이 필요한 거야. 이런 열린 마음으로 그들과 함께 어우러진다면 새롭고 풍성한 대한민국을 만들 수 있지 않을까?

 **누구나 사람답게 살 권리가 있다! 세계 인권 선언**

세계 인권 선언은 1948년 유엔 총회에서 결정해 발표한 인권에 관한 선언문이야. 인간이라면 누구나 가지는 권리가 있다는 것을 인류 역사상 처음으로 선포한 것이지. 그 전까지는 노예, 어린이, 여성, 장애인 등 인간이면서도 똑같은 인간 대접을 못 받는 사람들이 많았거든. 제2차 세계 대전을 거치면서 인류가 저지른 비인간적인 범죄를 반성하며 세계 인권 선언을 하게 되었단다. 세계 인권 선언은 머리말과 30개의 조항으로 이루어져 있어. 머리말에서는 인간은 누구나 존엄하고 평등하며 절대로 침해되어서는 안 되는 인권을 가지고 있다는 이야기를 하고, 30개의 조항에는 인권의 내용을 자세히 담았단다.

새로운 문제들

민주화와 경제 및 과학 기술의 발전이 새로운 사회와 문화를 만들었지만, 이와 동시에 새로운 문제들도 생겨났단다.

급속한 산업화와 도시화의 영향으로 도시 문제, 농촌 문제, 환경 문제, 빈부 격차 문제 등이 발생했다. 최근에는 태어나는 아기의 수가 줄어들고 노인 인구가 늘어나는 저출산 고령화 문제, 정보 통신의 발달로 인한 개인 정보 보호 문제 등이 새로운 사회 문제로 떠오르고 있다.

여기서 잠깐, 오랜만에 대한민국역사박물관에서 옛날 포스터를

가족 계획 포스터(1975년, 왼쪽)와 출산 장려 포스터(2014년, 오른쪽)

한번 보자. 사람들로 가득 찬 우리나라 땅 한가운데서 한 사람이 "내일이면 늦으리! 막아 보자 인구 폭발!"이라고 쓴 팻말을 들고 있구나. 이 포스터를 만든 곳은 "사단 법인 주부 클럽 연합회 임신 안 하는 해 캠페인 본부"라고 쓰여 있고. 지금은 태어나는 아기 수가 줄어들어 문제지만, 몇십 년 전만 해도 너무 많아 큰 문제였어. 오죽했으면 '임신 안 하는 해 캠페인 본부'를 만들었을까?

이렇게 최근 수십 년 사이 우리 사회가 급속도로 변하면서 이전과는 전혀 다른 문제들이 생겨났어. 지금부터 그 문제들을 하나하나 살펴보자. 먼저 산업화와 도시화로 생긴 문제부터.

한 사회를 지탱하는 산업이 농업에서 공업으로 바뀌는 것이 산업화야. 그래서 다른 말로 공업화라고도 하지. 도시화는 농촌의 인구가 도시로 몰려들면서 도시가 점점 늘어나게 되는 현상이야. 우리나라는 1960년에는 도시에 사는 인구가 전체의 약 40퍼센트쯤 되었는데, 지금은 80퍼센트가 넘어. 물론 산업화와 도시화 자체가 문제라고 볼 수는 없어. 하지만 이것들이 너무 빠르게 이루어지면 많은 문제를 낳게 된단다.

도시에 너무 많은 사람들이 몰려들면서 집이 모자라고, 교통이 막히고, 병원이나 학교가 부족하게 되는 문제가 도시 문제야. 농촌 문제는 정반대지. 사람들이 도시로 빠져나가면서 일손이 부족해지고, 농촌 총각들이 결혼을 못 하고, 아이들의 수가 줄어드는 문제가 생겼어. 전국에 수많은 공장이 생기면서 물이 더러워지고 공기가 오염되는 환경 문제도 생겨났어.

개인 정보 보호 문제는 최근에 더욱 두드러진 문제야. 휴대 전화 번호나 주민 등록 번호 같은 중요한 개인 정보들을 몰래 빼내서 범

죄에 이용하는 사건이 점점 늘고 있어.

저출산 고령화 문제는 아주 심각해. 의학이 발달하고 생활이 좋아져서 사람들이 오래 살게 된 것은 좋은 일이지. 그런데 새로 태어나는 아이들은 줄어들고 노인만 많아지는 건 문제야. 1970년에 결혼한 부부는 평균 4.53명의 자녀를 낳았는데, 2014년에는 1.21명으로, 전 세계 224개 나라 중에 219등을 했어. 이대로 가면 수백 년 후에 우리나라 인구가 한 사람도 남지 않게 될 거라고 주장하는 학자도 있어.

이제는 지식이 밥 먹여 준다

물론 새로운 사회가 새로운 문제들만 던져 준 것은 아니야. 새로운 사회가 되면서 새로운 가능성들도 열리기 시작했단다. 특히 과학과 기술이 발달하면서 옛날에는 상상 속에서나 가능하던 일들이 현실로 나타나고 있어.

여러분이 너무나도 당연하게 생각하는 컴퓨터는 불과 100년 전만 해도 세상에 없던 물건이었어. 제2차 세계 대전 중에 개발된 최초의 컴퓨터는 방 하나를 가득 채울 정도로 거대했어. 가격도 엄청나게 비싸서 보통 사람은 살 엄두도 낼 수 없었지. 하지만 성능은 컴퓨터라고 부르기에도 민망할 정도로 형편없었어. 컴퓨터라기보다는 거대한 전자계산기에 가까웠어. 원래 컴퓨터란 '계산기'라는 뜻이었거든.

대한민국역사박물관의 제4전시실에는 우리나라 최초의 휴대 전화가 전시되고 있어. 세계 최초로 휴대 전화가 개발된 지 15년 만의 일이었지. 지금의 스마트폰과는 비교할 수 없을 만큼 크고 기능도 단순했어. 초창기 휴대 전화는 마치 벽돌처럼 크고 무거워서 '벽돌폰'이라는 별명으로 불리기도 했단다. 그리고 약 20년 만에 우리나라는 세계 1, 2위를 다투는 스마트폰 생산국이 되었어. 정말 대단한 일이지.

그런데 컴퓨터와 스마트폰은 우리의 생활뿐 아니라 사회까지도 바꾸었단다. 컴퓨터가 발달하고 인터넷과 같은 통신망이 생기면서 세상은 '산업 사회'에서 '정보 사회'가 되었거든.

산업 사회란 쉽게 말해서 공장을 지어 물건을 만들고 돈을 버는 사회야. 박정희 대통령이 열심히 한 일이 바로 우리나라를 산업 사회로 만든 것이지. 다른 나라에서 돈을 빌려 와 공장을 짓고 물건을 수출했잖아. 그 전까지 우리나라는 국민의 90퍼센트 이상이 농사를 짓는 농업 사회였어. 정보 사회의 가장 큰 특징은 정보를 생산하고 수집하고 가공해서 돈을 번다는 점이야. 이때 정보란 지식의 다른 이름이야.

지금도 여전히 공장에서 물건들이 쏟아져 나오지만, 점점 더 많은 사람들이 지식을 창의적으로 가공한 무형의 제품을 만들어 내고 있어. 컴퓨터 자판이나 스마트폰 화면을 두드리면서 말이지. 그래서 정보 사회를 '지식 기반 사회'라고 부르기도 한단다. 정보 사

우리나라 최초의 휴대전화(1990년)

회는 인간의 '창의력'이 중요하기 때문에 자원이 많지 않은 우리에게 유리할 수 있어. 우리나라가 아이티(IT) 산업의 강국이 된 것도 이런 맥락에서 이해할 수 있지. 이렇게 지금의 우리 사회는 새로운 문제뿐 아니라 새로운 가능성도 함께 지니고 있는 거야.

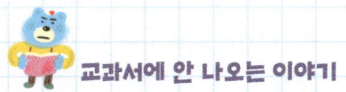 교과서에 안 나오는 이야기

친구 엄마 나라 방문기, 내 친구의 외갓집은 산 호세!

우리나라에 국제결혼이 늘면서 학교 현장에도 다문화 가정 학생들이 빠르게 늘고 있는 요즘, 한 초등학교가 필리핀으로 수학여행을 떠났다. 아이들은 과연 어떤 경험을 했을까?

2010년 6월, 전라남도 화순에 있는 우리 천태초등학교 학생 25명은 필리핀의 산 호세를 방문했다. 이곳은 우리 학교 6학년 학생인 기창이의 외할머니 집이 있는 곳. 기창이 어머니는 결혼과 함께 한국으로 이주해 온 필리핀 사람이다. 우리는 친구의 외가로 수학여행을 가게 된 셈이다.

기창이의 외가가 있는 산 호세에 가려면 필리핀의 수도 마닐라에서 버스를 타고 4시간쯤 가야 한다. 버스에서 내린 뒤, 우리는 작은 트럭을 닮은 미니 버스인 지프니를 타고 10분쯤 더 들어갔다. 우리는 버스 안에서 기창이 엄마에게 배운 필리핀 말로 기창이 외할아버지와 외할머니에게 인사를 드렸다. 8년 만에 딸과 손자를 보는 외할아버지, 외할머니가 눈물을 흘리며 기뻐하는 모습에 모두가 코끝이 찡해지는 것을 느꼈다.

인사를 마친 우리는 산 호세 초등학교 선생님들의 집에서 홈스테이를 하기로 했다. 홈스테이란 여행지의 호텔이 아니라 가정집에서 머물며 그 지역의 문화를 체험하는 것을 말한다. 우리는 필리핀 선생님들과 함께 시장에 가서 장을 보고 음식을 만들어 먹었다. 그리고 필리핀 친구들과 엎어 놓은 코코넛 껍질을 밟고 걸어 다니거나 쌀 포대에 두 발을 넣고 빨리 달리는 놀이 등을 했다.

말이 잘 통하지 않아도 서로 잘 통했다. 무더운 날씨, 사나운 모기들, 필리핀 특유의 향신료 냄새가 괴롭기도 했지만, 우리는 그렇게 서로를 이해하는 친구가 되었다.

지프니

11교시

평화와 통일, 그리고 대한민국의 미래

북한 평양

평화와 통일을 이루기 위해서는 북한을 알아야 해.

언젠가는 스쿠터를 타고 평양에 꼭 놀러 갈 거야.

> 해방과 전쟁을 거쳐 민주화와 산업화를 이룬 우리나라는 21세기를 맞이했어. 지금까지 많은 어려움을 이겨 냈듯이 앞으로도 여러 문제들을 해결하고 건강한 대한민국의 미래를 만들기 위해서 어떻게 해야 할까? 북한과 평화적으로 통일을 이루고, 이웃 나라들과도 사이좋게 지내고, 우리 사회도 좀 더 좋은 곳으로 만드는 것. 그것이 우리의 과제야.

드디어 마지막 시간이야. 선사 시대부터 시작한 우리 역사가 어느새 2000년대에 이르렀군. 그런데 이곳이 어디냐고? 바로 북한의 수도인 평양! 물론 지금 우리가 쉽게 갈 수는 없는 곳이야. 하지만 21세기에 우리가 이루어야 할 가장 중요한 일이 한반도의 평화와 통일이니, 마지막 현장 수업을 사진으로나마 평양의 여러 곳을 보면서 하는 것이 딱이지. 평화와 통일을 이루기 위해서는 북한에 대해 알아야 하니까 말이야.

저 멀리 보이는 것이 바로 '주체사상탑'이야. 서울을 상징하는 것이 N서울타워라면, 평양을 상징하는 것은 주체사상탑이지. 주체사상탑은 높이가 170미터로 세계에서 가장 높은 탑이라고 해. 바닥에서 150미터까지는 화강암으로 만들었고, 꼭대기 20미터는 불꽃 모양의 조각으로 되어 있어. 밤에는 여기서 붉은빛이 나는데, 흔들리는 모양이 정말 불길이 타오르는 것처럼 보인다는구나. 150미터 지점의 전망대까지는 엘리베이터를 타고 올라갈 수도 있대. 이곳에서는 평양 시내를 한눈에 볼 수 있지.

왜 이 높은 탑에 주체사상탑이라는 이름을 붙였을까? 북한의 지도자 김일성은 주체사상을 바탕으로 권력을 굳건히 하고, 나중에는 그의 아들과 손자가 대를 이어 권력을 세습했단다. 주체사상은 북한 체제의 기본이 되는 가장 중요한 이념이니까, 평양 시민들이 이 탑을 보면서 기억하도록 이름을 이렇게 짓지 않았을까?

할아버지 김일성, 아버지 김정일에 이어 나 김정은이 북한의 절대적인 지도자!

1955년 12월, 김일성은 북한 국민들에게 소련식이나 중국식이 아니라 우리식으로 북한 사회를 건설하자고 했어. 당시 북한은 6·25 전쟁 때 도움을 주었던 소련과 중국의 영향을 많이 받았거든. 그런데 이듬해에 소련과 중국을 따르는 세력이 김일성을 공개적으로 비판하며 공격하고 나섰어. 하지만 이 공격은 실패했지. 오히려 공격을 주도한 세력이 쫓겨나면서 김일성의 1인 권력 체제는 더욱 튼튼해졌단다. 김일성의 아들인 김정일은 아버지의 주체사상을 가장 잘 실천할 사람은 자신이라고 주장하며 아버지의 뒤를 이었지. 그리고 그 뒤를 김정일의 아들인 김정은이 이은 거고.

그런데 좀 이상하지? 지금이 조선 시대도 아니고, 어떻게 아들과 손자가 대를 이어 한 나라의 최고 권력자가 될 수 있었던 걸까? 이를 이해하기 위해서는 전쟁 이후 북한이 겪은 변화를 알아야 해.

6·25 전쟁 이후 북한이 걸어온 길

6·25 전쟁으로 북한 땅은 잿더미가 되었어. 공업 생산량은 전쟁 전의 3분의 1, 식량 생산량은 4분의 1 가까이 줄어들었어. 하지만 북한 사람들은 모두 하나가 되어 복구에 나섰고, 북한 정부도 효율적으로 계획을 세워 사람들을 잘 이끌었단다. 소련의 지원도 큰 도움이 되었어. 전쟁 이후에 미국은 남한을, 소련은 북한을 경쟁적으로 도와주었거든. 중국을 비롯한 사회주의 국가들도 북한을 도와주었지. 덕분에 북한은 복구를 시작한 지 3년 만에 전쟁 이전 수준

으로 나라를 회복할 수 있었단다. 이건 거의 기적에 가까운 일이었어. 전쟁 직후 미국은 '북한은 100년이 걸려도 다시 일어서지 못할 것'이라고 장담할 정도였다니까 말이야.

1950년대 중반, 반대 세력을 몰아내고 독재 체제를 굳힌 김일성은 북한 전역을 다니면서 사람들이 열심히 일하도록 격려했어. 기적 같은 복구에 자신감을 얻은 북한 사람들은 더욱 열심히 일했고, 1960년대 초반에 이르러 북한의 경제는 남한을 앞지르게 되었단다. 이 무렵 남한은 4·19 혁명과 5·16 군사 정변을 거치면서 사회가 어수선했거든. 김일성에 대한 북한 사람들의 지지는 더욱 확고해졌지. 더불어 주체사상 또한 북한을 이끄는 사상으로 자리 잡았어.

하지만 1960년대 중반에 이르면서 북한의 경제 성장에 빨간불이 켜졌어. 매년 증가하던 공업 생산량이 줄어드는 일이 벌어진 거야. 무기를 사고 군대를 유지하는 국방비에 너무 많은 돈을 쓴 것이 문제였어. 소련의 지원이 줄어든 것도 이유가 되었지. 그렇다면 해결책은?

허리띠를 더욱 졸라매고 열심히 일하는 것! 김일성은 특히 자신을 중심으로 전 국민이 똘똘 뭉쳐야 한다고 강조했어. 이 과정에서 김일성을 우상처럼 섬기는 일이 벌어졌단다. 전국에 김일성의 동상을 만들어 세웠고, 주체사상과 조금이라도 다른 생각을 가진 사람들은 처벌받았어.

1970년대에 들어 북한의 경제 상황은 다시 좋아졌어. 남한의 경제 개발 5개년 계획과 비슷한 '인민 경제 6개년 계획'이 성공적으로 이루어졌거든. 덕분에 공업 생산량도 늘고 사람들의 소득도 증가했단다. 동시에 김일성에 대한 우상화는 더욱 심해졌어. 이러한 우상화 작업을 이끈 사람이 바로 김정일이었어. 그러면서 김정일은 차츰차츰 김일성의 후계자가 되려고 준비했던 거야.

1980년대에 들어 후계자 자리를 굳힌 김정일은 평양 땅에 거대한 건축물을 짓기 시작했어. 북한이 이렇게 잘살게 되었다고 나라 안팎의 사람들에게 보여 주고 싶었던 거야. 주체사상탑도 이때 지었지. 파리의 개선문을 본떴지만 그보다 훨씬 더 크게 만든 개선문, 약 3,000만 권의 책이 있다는 국립도서관인 인민대학습당 등도 이때 지어진 건물이야.

개선문(왼쪽)과 인민대학습당(오른쪽)

그런데 1980년대 말부터 북한 경제는 심각하게 어려워졌어. 이렇게 된 데에는 몇 가지 이유가 있단다.

📖 북한은 경제 사정의 악화와 사회주의 국가들의 붕괴로 심각한 어려움에 빠지게 되었다. 북한은 다른 나라와 경제 교류를 확대하고 있지만 여전히 에너지 및 물자 부족, 식량 위기 등으로 어려움을 겪고 있다.

1989년 헝가리의 붕괴를 시작으로 사회주의 국가들이 하나둘 무너지자, 북한 경제 또한 무너지기 시작했어. 왜냐고? 북한은 주로 사회주의 국가들과 무역을 하고 있었거든. 더구나 이 나라들로부터 석유와 원자재 등을 아주 싼값에 공급받고 있었지. 그런 탓에 1990년부터 북한의 경제는 마이너스 성장을 기록하게 되었어. 무려 10년 동안이나 말이야. 1990년대 중반에는 대홍수와 가뭄 등으로 수많은 사람들이 굶어 죽는 최악의 상황이 벌어졌단다. 이때부터 살아남기 위해 북한을 떠나는 탈북자들이 줄을 이었지.

2000년대 들어 상황이 조금 나아졌지만, 북한은 여전히 힘든 시간을 겪는 중이야.

도미노처럼 무너진 사회주의 국가들

제2차 세계 대전 이후 소련의 도움으로 동유럽에는 사회주의 국가들이 수립되었어. 동독, 폴란드, 헝가리, 체코슬로바키아 등 8개국이지. 독일도 우리나라처럼 미국과 소련에 의해 분단되면서 자본주의 국가인 서독과 사회주의 국가인 동독으로 나뉘었단다. 그런데 1980년대 들어 사회주의 경제가 벽에 부딪친 소련이 변하기 시작하자, 동유럽의 사회주의 국가들도 변하기 시작했어. 그 전에도 이 나라들에서는 민주주의를 요구하는 시위가 있었는데, 소련이 힘으로 막고 있었거든. 그러다 1989년 헝가리를 시작으로 사회주의 정권이 무너지기 시작했어. 동독도 사회주의 정권이 쫓겨나면서 서독과 통일되고, 결국은 최초의 사회주의 국가인 소련마저 사회주의를 포기하게 되었단다. 1991년 소련(소비에트 연방 공화국)은 러시아, 카자흐스탄 등 15개 공화국으로 해체되었어.

좋아졌다 나빠졌다, 오락가락 남북 관계

이쯤에서 자리를 옮겨 북한 유일의 국제공항인 평양 순안 공항으로 가 보자.

2000년 6월 13일, 순안 공항에서 역사적인 사건이 벌어졌어. 대한민국의 김대중 대통령이 평양을 방문해 마중 나온 북한의 김정일 국방 위원장과 손을 마주 잡고 환하게 웃었어. 분단 이후 처음으로 남북한의 정상이 손을 맞잡은 거야. 그러고는 남과 북이 힘을 합해 통일을 이루어 나간다는 내용의 공동 선언을 발표했어(6·15 남북

2000년 6월 13일, 김대중 대통령과 김정일 국방 위원장의 만남

아, 감동의 순간이야! 눈물이 앞을 가리네.

공동 선언). 남북 관계가 새롭게 열리는 역사적인 순간이었지.

그렇다면 6·25 전쟁 이후부터 남북한 정상이 만나기까지 남한과 북한의 관계는 어땠는지 살펴볼까?

6·25 전쟁 이후 남북한은 대립과 갈등으로 대화가 거의 이루어지지 않았다. 하지만 1970년대에 들어서 남북 간의 화해와 교류 움직임이 시작되었다. 2000년과 2007년에는 남북의 정상이 만나 남북 관계 정상화와 경제 협력, 이산가족 상봉 등에 대하여 논의하였다.

6·25 전쟁이 끝난 직후의 상황은 쉽게 이해될 거야. 남북 모두가 수많은 목숨을 잃으면서 싸웠으니 사이가 좋을 리 없었지. 게다가 전쟁을 치렀던 이승만과 김일성 정권이 더욱 강화되었으니 서로 으르렁댈 수밖에. 그러다가 남한에서 4·19 혁명이 일어나 이승만이 물러나자 북한과 얼굴을 맞대고 대화해야 한다는 주장이 힘을 얻었어. 하지만 5·16 군사 정변이 일어나면서 남북 사이에는 다시 찬바람이 불게 되었단다.

　1960년대 들어 남북 관계는 더욱 나빠졌어. 당시 미국과 소련의 사이가 나쁜 것도 남북 관계에 영향을 끼쳤지. 1960년대 초반에는 미국과 소련이 거의 전쟁 직전까지 갈 만큼 위기를 맞기도 했거든. 1968년 1월에는 북한의 특수 부대원들이 남한의 청와대를 습격하는 일까지 벌어졌단다. 이들은 청와대 근처까지 왔다가 우리 군인과 경찰에게 가로막혀 한 명은 사로잡히고, 한 명은 북한으로 달아나고, 나머지는 총에 맞아 죽었어. 같은 해 10월에는 울진과 삼척에 북한의 무장 부대가 침투했지. 남한도 가만있지 않았어. 북한에 침투시킬 특수 부대원들을 훈련시켰지. 이처럼 1960년대는 전쟁의 위기 속에서 지나갔단다.

　다행히 1970년대에 들어서면서 남북 사이에 대화가 이루어지기 시작했어. 7교시

청와대 뒷산의 소나무

때 잠깐 이야기했듯이 이번에는 미국과 소련의 사이가 좋아진 것이 영향을 미쳤지. 다행히 대화는 잘 진행되어 1972년 7월 4일에는 남북한이 공동으로 평화 통일을 위한 성명까지 발표했어. 1960년대와 달리 금방이라도 통일이 될 것 같은 분위기였어.

하지만 이런 상황은 오래가지 않았어. 공동 성명을 발표한 뒤, 남한의 박정희는 유신 헌법을 선포하면서 독재자의 길을 걸었어. 북한의 김일성도 헌법을 고치면서 주체사상을 체계화하는 등 자신의 힘을 더욱 키웠어. 남북한의 권력자는 통일보다는 자신의 권력을 강화하는 데 더 관심을 둔 거야. 남북 관계는 다시금 나빠졌어.

1980년대에 들어서도 이런 관계는 별로 나아지지 않았어. 1983년 10월에는 북한이 당시 미얀마를 방문 중이던 전두환 대통령을 암살하려고 아웅 산 묘역에서 폭탄 테러를 일으킬 정도였지. 다행히 대통령은 화를 피할 수 있었지만, 함께 갔던 장관 등 스무 명에 가까운 수행원이 목숨을 잃었단다. 남북 관계는 더욱 나빠졌지만, 1984년 9월 남한에 큰 홍수가 나자 북한이 도움을 주면서 상황은 다시 좋아지기 시작했어. 이듬해에는 분단 이후 처음으로 남북한의 이산가족이 서로의 고향을 방문할 정도가 되었지. 하지만 1987년 11월 북한이 남한의 대한항공 여객기를 폭파하는 테러를 일으키면서 관계는 다시 나빠졌어. 이렇게 살펴보니 6·25 전쟁 이후 남북 관계는 좋았다 나빴다를 반복해 왔구나.

2000년에 처음으로 남북 정상이 만나고, 2007년에 노무현 대통령과 김정일 국방 위원장이 다시 한 번 만나면서 남북은 화해와 협

력 관계로 나아가는 듯 보였어. 이산가족들도 자주 만났고, 북한의 금강산과 개성에 남한 사람들이 관광을 가기 시작했으니까. 하지만 이명박 대통령 때인 2008년 7월 금강산에서 남한 관광객이 북한 군인의 총에 맞아 숨지면서 남북 관계가 다시 나빠진 이후 2015년 현재까지 상황은 별로 나아지지 않고 있단다.

정답 | ②번. 북한 특공대의 청와대 습격 사건 이후 몇 년 뒤에 북한과의 대화를 통해 7·4 남북 공동 성명을 발표했지.

남과 북, 평화와 통일을 위해

「우리의 소원은 통일」이라는 노래를 아니? "우리의 소원은 통일 / 꿈에도 소원은 통일"로 시작하는 노래 말이야. 선생님이 여러분만 할 때는 학교에서 이 노래를 참 자주 불렀어. 그러면서 자연스럽게 반드시 통일을 이루어야겠다는 생각을 갖게 되었지. 그때만 해도 남북이 반드시 하나가 되어야 한다는 사실을 의심하는 사람은 거의 없었어. 하지만 요즘은 좀 달라진 것 같아. 뉴스에 나오는 설문 조사 결과를 보면 남북이 꼭 통일하지 않아도 괜찮다는 응답

률도 꽤 많아. 북한과 통일을 이루면서 남한에 혼란이 온다면 차라리 통일하지 않는 것이 낫다고 생각하는 것이지. 여러분은 어떻게 생각해?

만약 남북이 평화롭게 지내지 않는다면 더 이상의 경제 발전과 민주화도 힘들어져. 한반도에서 언제 전쟁이 일어날지 모른다면 누가 이 땅에서 열심히 사업하며 투자를 하겠어? 또한 우리나라의 독재자들은 국민의 자유를 빼앗고 민주주의를 억압하면서 북한 핑계를 댈 때가 많았어. 북한이 언제 쳐들어올지 모르니 무조건 자기 말을 들어야 한다면서 말이야. 독재에 반대하는 사람들을 북한을 이롭게 하는 주장이나 행동을 하는 사람으로 몰아붙여 감옥에 보내기도 했지. 민주주의의 바탕은 생각과 표현의 자유야. 남에게 피해를 주지 않는 한 어떤 생각이나 행동을 자유롭게 할 수 있어야 민주주의가 지켜질 수 있는 거란다.

물론 통일을 이루려면 어느 정도의 혼란을 피할 수는 없을 거야. 아무리 차근차근 준비한다고 해도 말이야. 하지만 혼란이 일어나고 우리 형편이 조금 어려워진다 하더라도 통일은 충분히 할 만한 가치가 있는 일이야. 무엇보다 통일은 한반도의 평화를 이루는 가장 확실한 방법이거든. 통일이 된다면 북한이 핵무기로 위협을 하거나 우리 땅에 총을 쏘는 일도 더 이상 없을 테니까.

또한 통일은 우리나라가 더 발전하는 계기가 될 수 있어. 남북한

모두 전쟁을 대비하느라 쓰고 있는 엄청난 금액의 돈을 복지 제도나 경제 발전에 쓰면 얼마나 좋겠어? 남북이 하나가 된다면 나라가 더 단단해질 수 있을 거야.

그렇다면 통일은 어떻게 이루어야 할까?

 앞으로 남북한은 신뢰를 바탕으로 서로의 차이를 인정하고, 함께 통일을 위한 준비를 하여 평화적인 통일을 이루어야 할 것이다.

물론 현실은 말처럼 쉽지 않아. 그러니 우리 국민 모두가 차근차근 준비하면서 꾸준히 노력해야 해.

우리 손으로 만드는 대한민국의 미래

대한민국의 미래를 위해 이루어야 할 일이 평화와 통일만 있는 건 아니야. 지금 우리 앞에는 이것 말고도 많은 문제들이 놓여 있단다. 지난 시간에 살펴본 대로 도시, 농촌, 환경 문제와 빈부 격차, 저출산 고령화, 개인 정보 보호 등의 문제가 있어. 여기에 식량과 에너지 문제, 지구 온난화 문제도 있어.

지금 우리가 먹는 먹을거리의 대부분은 다른 나라에서 수입해 오는 것들이야. 우리 땅에서 생산되는 것은 20퍼센트 남짓에 불과해. 우리나라가 산업화를 이루면서 농업 대신 수출에 유리한 산업에 더 집중한 탓이지. 더구나 우리 물건을 수출하기 위해 다른 나라의 농산물을 수입해 오면서 우리나라 농업은 점점 더 설 자리를 잃었어. 만약 우리가 농산물을 수입하는 나라에 흉년이 들거나 우리와 사이가 나빠져서 더 이상 식량을 들여올 수 없다면 어떻게 될까? 상상만 해도 끔찍한 일이 벌어지는 거야.

에너지 문제도 식량 문제와 비슷해. 우리가 사용하는 에너지의 대부분을 수입에 의존한다는 것이 문제지. 우리가 공장을 가동하고, 자동차를 움직이고, 전기를 만드는 데 사용하는 에너지는 주로 석유에서 나오거든. 우리나라에서는 석유가 한 방울도 나지 않으니 다른 나라에서 사 올 수밖에 없지. 그러다가 1970년대에 두 차례나 일어났듯이 석윳값이 갑자기 오르기라도 하면 우리나라는 다시 한 번 큰 혼란에 빠질 수밖에 없어.

요즘 들어 석유 대신 많이 사용하는 원자력 발전도 문제가 심각해. 2011년 일본 동북 지방에 큰 지진이 나면서 원자력 발전소가 파괴되어 엄청난 재앙을 경험한 걸 생각해 봐. 원자력 발전소에서 흘러나온 방사능 때문에 땅도, 물도, 먹을거리도 오염되면서 일본뿐 아니라 전 세계가 공포에 떨어야 했지. 우리나라 원자력 발전소에서도 이런 일이 일어나지 말라는 법은 없어. 그러니까 원자력도 안심하고 쓸 수 있는 에너지가 아닌 거야.

지구 온난화는 또 어떻고? 산업화로 공장이 늘어나면서 이산화탄소가 많이 생겼는데, 이것 때문에 지구의 온도가 빠른 속도로 올

라가고 있어. 온도가 높아지면 따뜻하니 좋지 않으냐고? 하지만 이것 때문에 어마어마한 문제들이 일어나고 있단다.

먼저 지구 온난화는 기상 이변을 일으켜. 엄청난 무더위가 닥치는가 하면 한 번도 내린 적 없는 큰 눈이 내리기도 하지. 전에 없이 무서운 태풍, 홍수, 가뭄이 일어나기도 한단다. 또한 북극의 얼음이 녹으면서 바닷물의 높이가 높아져서 섬과 육지가 물에 잠기는 일도 벌어지고 있어. 한마디로 온 지구의 생명체들이 점점 살기 힘들어지고 있는 거야.

어휴, 그럼 우리 앞에는 온통 문제만 있는 거냐고? 그렇지는 않아. 원래 위기란 기회의 다른 이름이라고 하잖아? 위기가 새로운 미래를 만들 기회가 되기도 한다는 말이야. 에너지 문제를 해결하기 위해 사람들은 이미 대체 에너지 연구를 시작했고, 지금은 태양열만으로 하늘을 나는 비행기도 만들었어. 조만간 물만 넣으면 달리는 자동차가 나올지도 몰라.

물론 어느 것 하나 쉬운 문제는 없어. 하지만 문제를 하나하나 해결하기 위해 노력하다 보면 더 좋은 세상을 만들 기회가 반드시 열릴 거야.

자, 이제 『재미있다! 한국사』의 현장 수업이 모두 끝났어. 선사 시대부터 오늘날까지 수십만 년에 이르는 우리 역사를 전국 곳곳을 누비며 모두 여섯 권에 걸쳐 살펴보았지. 까마득한 옛날 한반도에 사람들이 살기 시작하고, 첫 나라가 세워지고, 삼국 시대와 남북국 시대, 고려와 조선을 거쳐 대한민국에 이르기까지, 우리나라 역사가 마치 한 편의 영화처럼 생생하게 펼쳐졌구나.

여러분은 우리 역사를 공부하면서 어떤 생각이 들었니? 지난 역사 속에서 우리 조상들이 어려움에 빠졌을 때에는 안타까움에 가슴을 치고, 그 어려움을 이겨 내고 멋진 새 시대를 열었을 때에는 감격에 겨워 박수를 치기도 했을 거야. 이렇게 역사를 배우며 울고 웃다 보니 지금 우리가 사는 세상이 어떻게 해서 이루어진 것인지 이해할 수 있었을 테고…….

그렇다면 앞으로 우리가 원하는 세상, 대한민국의 미래를 만들기 위해 우리는 무엇을 해야 할까?

그건 바로 우리나라 역사를 올바로 인식하고 기억하는 일이야. 기억하지 못한 역사는 언제든 되풀이되거나 왜곡될 수 있다고 했어. 우리의 국토를 다른 나라가 넘보지 않게 하려면, 우리 역사를 누군가 왜곡하지 않게 하려면, 이 땅에서 다시는 전쟁이 일어나지 않고 독재자도 나타나지 않게 하려면 과거에 우리가 겪었던 뼈아픈 일들을 똑바로 알고 꼭 기억해야 해. 이것은 새로운 역사, 새로운 세상을 만들어 나가는 일이기도 하단다.

교과서에 안 나오는 이야기

궁금하다! 북한 어린이들의 생활 모습

남북이 분단된 지 벌써 70년이 되었어. 그동안 남한과 북한 사람들의 생활도 많이 달라졌지. 하지만 남과 북은 여전히 닮은 점도 참 많단다. 그렇다면 북한 어린이들은 남한 어린이들과 무엇이 같고 무엇이 다를까? 그 궁금증을 하나하나 풀어 보자.

북한에도 초등학교가 있나요?

당연하죠. 그런데 북한에서 초등학교는 '소학교'라고 불린답니다. 또 남한의 초등학교는 6학년까지 있지만 우리 소학교는 4학년까지 있어요. 4학년을 마치면 바로 중학교에 올라가는 거예요. 그러니까 우리의 중학교 1, 2학년은 남한의 초등학교 5, 6학년에 해당해요. 북한의 중학교는 6학년까지 있어요. 남한의 중학교와 고등학교가 합쳐져 있는 셈이에요. 중학교를 졸업하면 대학교나 기술을 익히는 전문학교에 가거나 바로 직업을 갖고 일을 하게 된답니다.

북한 어린이도 시험을 보나요?

그럼요. 시험 기간은 일주일에서 열흘 정도 돼요. 문제는 대부분 주관식이고요. 우리도 시험 때문에 스트레스 좀 받아요. 그중에서도 중요한 것은 학기 말이나 학년 말 시험이에요. 그런데 남한처럼 100점 만점이 아니라 5점이 만점이에요. 학년 말 시험 성적이 3점 이상이 안 되면 다음 학년으로 못 올라갈 수도 있다고요. 실제로 그런 일은 거의 생기지 않지만 말이에요. 또한 소학교 1, 2학년은 학기 말이나 학년 말 시험이 없답니다.

북한에도 학원이 있나요?

남한 같은 학원은 없어요. 그 대신 학원 공부를 학교에서 시켜 준답니다. 무슨 이야기냐 하면 우리는 학과 수업이 점심시간 전에 모두 끝나요. 그리고 점심을 먹은 후에는 수업 진도를 나가는 것이 아니라 오전에 배운 내용을 복습해요. 피아노, 축구 같은 예체능도 학원이 아니라 학교에서 배워요. 북한의 모든 초등학생들은 남한의 특별 활동과 비슷한 '소조 활동'을 하거든요. 원래는 과외도 없었는데, 몇 년 전부터 영재 학교에 가기 위해 과외를 받기도 해요.

북한에도 어린이날이 있나요?

그보다 먼저, 남북한이 갈리기 전인 1923년 5월 1일, 조선에 어린이날이 처음 생겼다는 사실을 알고 있나요? 광복 이후 남한은 5월 5일을 어린이날로 정했고, 북한은 6월 1일을 '국제아동절'이라는 이름으로 기념하고 있답니다. 옛날 사회주의 국가들은 대부분 6월 1일을 어린이를 위한 날로 기념했어요. 북한의 어린이날은 공휴일이 아니어서 평양 같은 큰 도시에서는 기념행사를 하지만, 가족끼리 놀러 가거나 하는 일은 드물어요.

북한 어린이들도 급식을 먹나요?

아니요! 그렇다고 도시락을 싸지도 않아요. 우리는 학교에서 점심시간이 되면 집에 가서 밥을 먹고 다시 학교로 온답니다. 북한의 학교는 대부분 집에서 아주 가깝거든요. 교실에서 밥을 먹는 것이 위생상 좋지 않기 때문에 집에 가서 먹는 거예요. 그 대신 점심시간은 1시간 30분으로 넉넉한 편이에요. 간혹 집이 먼 학생들은 도시락을 싸 오기도 해요. 그런데 안타깝게도 가뭄과 홍수로 식량 사정이 나빠진 뒤로는 점심을 굶는 학생들이 많이 생겼어요.

역사 현장 탐사
미리 가 보는 평양

대동강변에서 바라본 평양 시내

아직은 아무나 갈 수 있는 곳이 아니지만, 통일이 되면 가장 먼저 가 봐야 할 곳이 바로 평양이야. 평양은 북한의 수도이자 최대의 도시이고, 오랜 역사를 간직한 곳이기도 하단다. 통일이 되기 전이라도 금강산이나 개성처럼 평양 관광을 할 수 있는 날이 올지도 모르지. 그럼 그때를 기다리며 미리 평양 구석구석을 둘러보기로 할까?

무엇보다 평양은 오랜 역사 유적들이 가득해. 삼국 시대에는 장수왕 때부터 고구려의 도읍이었고, 고려 시대에는 서쪽 서울이라는 뜻의 서경으로 불리며 중요한 역할을 했지. 조선 시대에도 평양은 한양에 버금가는 도시였어.

가장 먼저 가 봐야 할 곳은 유네스코 세계 문화유산으로 등록된 고구려의 옛 무덤들. 1권 1교시에서 말을 타고 산을 넘으며 사냥하던 고구려 사람들의 그림을 기억하니? 평양에 있는 것은 아니지만, 그것 역시 고구려의 옛 무덤 벽에 그려진 그림이었어. 이것 말고도 고구려의 옛 무덤에는 멋진 그림들이 많단다.

왼쪽 위부터 시계 방향으로 대동문, 능라도 5월 1일 경기장, 을밀대, 만수대의사당

 고구려 때 처음 세워졌다는 대동문은 서울의 남대문처럼 평양을 대표하는 문이야. 역시 고구려 때 처음 치었다는 을밀대는 일제 강점기에 여성 노동자였던 강주룡이 올라가서 시위를 벌인 곳이기도 해. 그리고 평양에는 단군왕검이 묻혔다는 단군릉도 있어. 1993년에 처음 발견되었다는데, 우리나라 학자들은 사실이 아니라고 생각해.

 아까 봤던 주체사상탑, 개선문, 인민대학습당 말고도 평양에는 거대한 건물이나 기념비가 많아. 남한의 국회 의사당에 해당하는 만수대의사당과 15만 명이 들어갈 수 있다는 능라도 5월 1일 경기장, 예술의전당 같은 공연장인 인민문화궁전 등도 놓치기 아까운 볼거리란다. 만약 평양에 갈 수 있게 된다면 여기서 소개했던 역사 유적들과 건물들을 꼭 한번 보고 오길 바라. 이것들을 보면서 평양 시민들과 평화와 통일에 대한 이야기를 나눈다면 더욱 좋겠지.

찾아보기

ㄱ
건국 동맹 36
경교장 49, 53, 70, 71
경부 고속 도로 137
경제 개발 5개년 계획 72, 130~133, 135, 137, 152, 185, 190, 224
경제 협력 개발 기구(OECD) 197, 208
공산주의 78, 89
광복군 → 한국광복군
광복절 15, 31, 61
9·28 서울 수복 83
국내 총생산(GDP) 187, 188
국민 건강 보험 208, 209
국민 보도 연맹 99
군사 경계선 31
근로 기준법 144, 151
금강산 관광 231, 242
금 모으기 운동 194
김구 12, 17, 35, 39, 41, 49~51, 53, 57~59, 63, 67~71, 117
김규식 50, 56~59
김대중 175, 179, 194, 227, 228, 232
김두봉 50, 57, 58
김영삼 175, 176, 178, 179
김일성 42, 50, 57, 58, 67, 76, 78, 154, 222~225, 229, 230
김정은 223
김정일 223, 225, 228, 230
김주열 122, 170

ㄴ
남북 정상 회담 154, 227, 228, 230, 231
남북 협상 50, 57~59, 67
노무현 179, 230
노태우 159, 173, 175, 176, 179

ㄷ
다문화 가정 212, 219
다문화 사회 201, 209, 211
대통령 직선제 170, 171, 179
대한민국 임시 정부 17, 28, 35, 38, 39, 52, 56, 57, 61, 69, 70, 124
대한민국 정부 수립 12, 28, 61, 63, 64
대한민국 헌법 62, 113
도시화 213~215
독일로 간 간호사 25, 26, 139
독일로 간 광부 25, 26, 139

ㄹ
로마넨코 42

ㅁ
맥아더 82, 85, 106
모스크바 3국 외상 회의 12, 51~55, 68
무상 보육 207, 208
미국의 원조 21
미군정 12, 41, 42, 60, 63, 64, 207
미·소 공동 위원회 12, 53~57
민족주의 37, 51, 58
민주주의 18, 21~23, 27, 61, 64, 113, 114, 123~126, 128, 131, 144, 157, 158, 161~164, 167, 168, 170, 171, 178~181, 199, 227, 233
민주화 29, 158, 161, 162, 164, 166, 171, 172, 174, 175, 178, 180, 183, 184, 201, 209, 211, 213, 221, 233

ㅂ
박정희 72, 127, 128, 131~135, 142~148, 152, 157, 159, 160, 162, 167, 171, 179, 185, 186, 217, 230, 232
박종철 169~171
반민족 행위 처벌법 64
반민족 행위 특별 조사 위원회(반민 특위) 64, 65
베트남 전쟁 135, 136, 139
베트남 파병 135, 136
보도 지침 168
복지 제도 206~208
비상 계엄령 162

ㅅ
사사오입 개헌 118
4·19 혁명 72, 114, 115, 121~124, 126, 128, 129, 135, 148, 157, 159, 164, 169, 170, 180, 224, 229
사회주의 37, 42, 51, 99, 100, 134, 163, 223, 226, 227, 241
산업 사회 217
산업화 29, 213~215, 221, 235, 236
3·1 운동 37, 62, 124
3·15 부정 선거 72, 115~119, 126

38도선 19, 27, 28, 31, 39~41, 50, 57~59, 67, 77, 80, 82~84, 86, 87, 108
「새 나라의 어린이」 44
새마을 운동 72, 140, 141
서울 올림픽 대회 29, 154, 183, 198, 199, 203
서울의 봄 161
석유 파동 72, 149
세계 인권 선언 213
소년병 104, 107
쇼와 일왕 33
시발 자동차 23, 24
10월 유신 145
신군부 160~162, 164, 166, 167, 174
신탁 통치 12, 51~53, 55~57, 68, 69
10·26 사건 72, 148
12·12 군사 반란 154, 160, 171, 174

ㅇ

아이엠에프(IMF) 사태(외환 위기) 154, 191, 192, 194, 195
안두희 49, 51, 70
여운형 35~37, 41, 56, 59, 67~69
5·10 총선거 12, 60~62
5·16 군사 정변 72, 125~128, 147, 162, 178, 179, 224, 229
5·18 민주화 운동 154, 157, 159, 163~167, 171, 180, 181
외환 위기 → 아이엠에프(IMF) 사태
「우리의 소원은 통일」 232
우익 37, 38, 41, 42, 51, 53, 55, 56
원자 폭탄 33, 35, 41, 79, 85
유신 헌법 144~148, 152, 167, 230

유엔 안전 보장 이사회 81
유엔(국제 연합) 12, 57, 58, 61, 81, 213
유엔군(국제 연합군) 81, 82, 84~86, 89, 90, 102
6월 민주 항쟁(6월 항쟁) 154, 170, 171, 175, 179, 180
6·15 남북 공동 선언 154, 227
6·25 전쟁(한국 전쟁) 18, 20, 21, 27, 28, 46, 60, 72, 75~91, 95~111, 113, 117, 132, 133, 146, 147, 185, 194, 207, 223, 228~232
6·29 민주화 선언 154, 170~172
윤보선 125, 126, 179
윤석중 44
의무 교육 207, 209
이기붕 115
이산가족 31, 32, 46, 47, 107, 228, 230~232
이승만 22, 35, 42, 53, 56, 59, 61, 63, 65, 67, 76, 79, 83, 87~90, 95, 101, 102, 113~119, 121, 122, 124, 125, 133, 134, 147, 148, 174, 179, 229, 232
이한열 170, 171
인권 209~213
인민재판 100
인천 상륙 작전 81, 82, 85, 91, 98
일본군 위안부 135
임진각국민관광지(임진각) 31, 32, 35, 46, 47

##

장면 125~128
전두환 158~160, 162, 163, 167~170, 173, 174, 176, 179, 187, 199, 230, 232
전태일 72, 142~144, 150, 151, 172
정보 사회 217
제국주의 33
제2차 세계 대전 33, 39, 51, 57, 78, 146, 163, 213, 216, 227
제주 4·3 사건 12, 57, 58, 60
제헌절 61
조선 건국 준비 위원회 12, 36, 37, 38, 41
조선 민주주의 인민 공화국 64
조선 인민 공화국 38
좌우 합작 위원회 56, 59
좌익 37, 38, 42, 51, 53, 56~58, 60, 99
지방 자치 제도 154, 175~179

ㅊ

최고 인민 회의 64
최규하 159, 161, 162, 179
친일파 42, 64, 65
7·4 남북 공동 성명 146, 147, 230, 231

ㅌ

토지 개혁 54, 65, 67
통일 주체 국민 회의 145, 167
8·15 광복 12, 15

ㅍ

평화시장 26, 27, 142, 150, 151
포니 자동차 24, 202
포로 교환 89
프라하의 봄 162, 163

하나회 159, 160, 174
하지 42
학도 의용군 102, 104
한강의 기적 24, 25, 27, 137, 138,
 185, 189, 191
한국광복군(광복군) 17, 39
한일 기본 조약 72, 134, 135
휴전 협정 72, 87~91
휴전 회담 86~91
흥남 철수 20, 84

참고한 책과 사이트

강만길『20세기 우리 역사』, 창비 2009.
강만길『고쳐 쓴 한국 근대사』, 창비 2006.
강만길 외『해방전후사의 인식 2』, 한길사 2006.
강준만『한국 현대사 산책 1~19』, 인물과 사상사 2004~2011.
국방부 과거사진상규명위원회『과거사진상규명위원회 종합보고서』제3권, 대한민국국방부 2007.
김구『백범일지』, 돌베개 1997.
김동춘『이것은 기억과의 전쟁이다』, 사계절 2013.
김성보 외『사진과 그림으로 보는 북한 현대사』, 웅진지식하우스 2004.
김인걸『한국현대사 강의』, 돌베개 1998.
김태우『폭격』, 창비 2013.
고든 L. 리트먼『인천 1950』, 김홍래 옮김, 플래닛미디어 2006.
박노자『우승열패의 신화』, 한겨레신문사 2005.
박명림『한국 1950』, 나남 2002.
박찬승『마을로 간 한국전쟁』, 돌베개 2010.
박태균『이슈 한국사』, 창비 2015.
박태균『한국전쟁』, 책과함께 2005.
서중석『6월 항쟁』, 돌베개 2011.
서중석『사진과 그림으로 보는 한국현대사』, 웅진지식하우스 2013.
서중석『서중석의 현대사 이야기 1, 2』, 오월의봄 2015.
서중석『한국현대민족운동연구 1, 2』, 역사비평사 1996~1997.
수요역사연구회『곁에 두는 세계사』, 석필 2007.
에릭 홉스봄『혁명의 시대』, 한길사 1998.
오광수『낭만광대 전성시대』, 세상의아침 2013.
임영태『대한민국 50년사 1, 2』, 들녘 1998.
전남사회운동협의회『죽음을 넘어 시대의 어둠을 넘어』, 풀빛 1985.
정병준『한국전쟁』, 돌베개, 2006.
정용욱『해방 전후 미국의 대한정책』, 서울대학교출판부 2013.
정은정『대한민국 치킨전』, 따비 2014.
조영래『전태일 평전』, 돌베개 2001.
조희연『박정희와 개발독재시대』, 역사비평사 2007.
최석호 외『골목길 근대사』, 시루 2015.
폴 콜리어 외『제2차 세계대전』, 강민수 옮김, 플래닛미디어 2008.
한국구술사학회『구술사로 읽는 한국전쟁』, 휴머니스트 2011.
한국생활사박물관편찬위원회『한국생활사박물관 12』, 사계절 2004.
한국정신대문제대책협의회 부설 전쟁과여성인권센터 연구팀『역사를 만드는 이야기』, 여성과인권 2004.
한홍구『대한민국사 2』, 한겨레출판 2003.

국사편찬위원회 history.go.kr
문화콘텐츠닷컴 culturecontent.com
우리역사넷 contents.history.go.kr
통일부 unikorea.go.kr
한국사데이터베이스 db.history.go.kr
한국역사통합정보시스템 koreanhistory.or.kr
e-나라지표 index.go.kr

사진 제공

국가기록원	63면
국립 3·15 민주 묘지	122면(2번)
국립민속박물관	61면
국립중앙박물관	50면
굿이미지	47면, 82면, 123면, 156면
대한민국역사박물관	14면, 16면, 20면, 21면, 23면, 24면, 25면, 26면, 28면, 29면, 115면, 132면, 200면, 217면
독립기념관	17면
몽양여운형선생기념사업회	36면
백범김구선생기념사업협회	70면(김구), 71면(김구의 시계와 윤봉길의 시계)
3·15의거기념사업회	114면(출처: 『4·19혁명사진집』), 122면(1, 3, 4, 5번)
서울역사박물관	70면(경교장)
연합뉴스	40면, 48면, 127면, 129면, 161면, 228면
5·18기념재단	165면, 166면
올림픽공원	198면
e영상역사관	126면
이한열기념사업회	170면
토지주택박물관	130면
토픽이미지스	182면, 220면
파주시청	30면(위)
한국근현대사박물관	152, 153면
한국생산성본부	214면(출산 장려 포스터)
Getty Images Bank	30면(아래), 55면
WIKIMEDIA COMMONS	코리아넷/해외문화홍보원 46면, David Stanley 243면(대동문), Gonta2007 110면(용두산공원의 부산타워), John Pavelka 243면(을밀대), Kok Leng Yeo 225면(개선문), Lubo Zviera Ryba 110면(부산타워에서 내려다본 부산 시내), Nicor 222면, 243면(능라도 5월 1일 경기장, 만수대의사당), Presidencia de la Nacion Argentina 195면, Sven Unbehauen 242면(대동강변에서 바라본 평양 시내), 東京のエビフライ 225면(인민대학습당)

이 책에 수록된 사진 중 일부는 원저작권자를 확보하기 위한 노력에도 불구하고 권리자의 허가를 확보하지 못한 상태로 출간되었습니다. 저작권자가 확인될 시 창비는 원저작권자와 최선을 다해 협의하겠습니다.

All reasonable measures have been taken to secure Korean translation copyright of the photos in this book, but some of them couldn't be legally secured. If the copyright holders appear, Changbi will take responsibility for the use of the photos and discuss the best way of copyright use.

'재미있다! 한국사' 시리즈에 자문해 주신 선생님들

강무석 수원 율전초등학교	김성주 서울 군자초등학교	김현정 광양 옥룡초등학교	박정순 용인 서원초등학교
강선하 인천 해원초등학교	김성주 포천 선단초등학교	김현정 공주 태봉초등학교	박정은 남원용성초등학교
경현미 양산 소토초등학교	김세왕 인천장도초등학교	김현진 원주삼육초등학교	박정환 안양호암초등학교
공병묵 인천 서림초등학교	김송정 용인 성복초등학교	김혜정 서울 구암초등학교	박주송 대구도원초등학교
곽형준 창원 토월초등학교	김수진 인천병방초등학교	김희숙 광주 장덕초등학교	박지민 서울언주초등학교
구서준 서울보라매초등학교	김순선 부산 기장초등학교	나진경 인천안남초등학교	박진환 논산 내동초등학교
구양은 수원 갈곡초등학교	김시연 양평초등학교	남지은 동해초등학교	박해영 동대구초등학교
구윤미 대전버드내초등학교	김영희 광주 미산초등학교	노경미 창원 사파초등학교	박현웅 고양 상탄초등학교
권동근 포항 신광초등학교	김외순 서울천왕초등학교	노하정 안산 시랑초등학교	박현주 대구남산초등학교
권민정 인천원당초등학교	김윤정 서울 신자초등학교	문재식 해남 서정분교	박혜옥 남양주 진건초등학교
권윤주 광명 하안북중학교	김은미 수원 효성초등학교	문철민 순천인안초등학교	박효진 오산 운산초등학교
권지혜 부산 연제초등학교	김은형 성남 서현초등학교	문희진 서울언북초등학교	방세영 서울천일초등학교
권태완 파주 연풍초등학교	김재수 서울 중랑초등학교	민선경 서울당중초등학교	방혜경 안양 관양초등학교
권효정 서울계남초등학교	김정수 밀양초등학교	민지연 대전두리초등학교	배능재 대전성모초등학교
길혜성 화성 능동초등학교	김정아 서울삼선초등학교	박경진 대구 운암초등학교	배현진 남양주 평동초등학교
김경아 경주 아화초등학교	김정은 서울상일초등학교	박길훈 남양주 수동초등학교	백미연 상주남부초등학교
김고은 대구 운암초등학교	김주현 창원 진해웅천초등학교	박미숙 대구관문초등학교	백소연 천안 성환초등학교
김기옥 청주 각리초등학교	김지영 서울 가주초등학교	박미영 부천 상원고등학교	봉혜영 인천 심곡초등학교
김기호 대구 관문초등학교	김지인 부천 부인초등학교	박상휴 파주 해솔초등학교	설명숙 군산푸른솔초등학교
김나미 대전상원초등학교	김진아 서울가동초등학교	박선옥 고양 행신초등학교	설성석 대구태전초등학교
김나영 남양주월문초등학교	김진영 서울 수색초등학교	박선하 서울일신초등학교	성기범 창원 해운초등학교
김명준 안산 덕성초등학교	김찬경 제주 서귀포초등학교	박송희 광주 광림초등학교	손미령 제주 한천초등학교
김문희 대구동부초등학교	김취리 서울수암초등학교	박수연 동대전초등학교	송유리 인천당하초등학교
김보라 서울 두산초등학교	김태영 김포 신양초등학교	박순천 서울 상곡초등학교	송정애 대전갑천초등학교
김보람 제주 도남초등학교	김행연 용인 산양초등학교	박연신 서울동교초등학교	송지원 서울사당초등학교
김보미 서울 전농초등학교	김현경 부산 명덕초등학교	박영미 시흥 도일초등학교	송지혜 서울오현초등학교
김봉준 시흥도원초등학교	김현랑 광주 장덕초등학교	박영수 고양 오마초등학교	시지양 파주 장파초등학교
김상일 서울천왕초등학교	김현아 광주 매곡초등학교	박은정 안양 호계초등학교	신수민 진천 상신초등학교
김선영 안양 호성초등학교	김현애 서울영림초등학교	박인숙 서울 숭덕초등학교	신은하 파주 금릉중학교
김선혜 인천동수초등학교	김현정 안산 석호초등학교	박정례 서울발산초등학교	신주은 인천 소양초등학교

신지영 남양주 진건중학교	이경희 고양 백양초등학교	장병학 김해 진영대창초등학교	최보순 순천 상사초등학교
심은영 고양 송포초등학교	이금자 포천 관인초등학교	장성훈 김천 개령서부초등학교	최영미 서울 면중초등학교
심지선 익산 낭산초등학교	이명진 서울계남초등학교	장영만 완도 보길초등학교	최영선 의왕초등학교
안시현 광주 불로초등학교	이미애 대구운암초등학교	장인화 천안 두정초등학교	최영순 울산 매산초등학교
양미자 부산 연동초등학교	이미옥 상주 백원초등학교	장희영 장흥 회진초등학교	최은경 울산 달천중학교
양선자 고양 일산초등학교	이미정 인천귤현초등학교	전미영 대구 신매초등학교	최은경 청주 덕성초등학교
양선형 고양동산초등학교	이상화 남양주 진건초등학교	전영희 동해중앙초등학교	최은경 군포초등학교
양유진 서울반포초등학교	이수진 고양 무원초등학교	정금도 진주 봉래초등학교	최정남 담양동초등학교
양정은 당진 원당중학교	이슬기 서울북가좌초등학교	정미나 부산 가야초등학교	최종득 거제 제산초등학교
양해란 화성 숲속초등학교	이애지 서울원신초등학교	정민석 남양주 진건초등학교	최지연 서울 강명초등학교
양혜선 춘천 동내초등학교	이어진 서울 반포초등학교	정수옥 군포 능내초등학교	최혜영 서울강명초등학교
어유경 안양 범계초등학교	이엄지 여주 죽립초등학교	정용석 고양 무원초등학교	하선영 대구 대서초등학교
엄혜진 서울 안산초등학교	이윤숙 가평 조종초등학교	정유정 서울신은초등학교	하영자 부천 범박초등학교
여유경 대전 대덕초등학교	이윤아 광명 하안남초등학교	정윤미 서울오류초등학교	한수희 대전성천초등학교
염선일 오산원일초등학교	이윤진 서울조원초등학교	정인혜 부천 부인초등학교	한은영 안산 선부초등학교
오선미 대전목양초등학교	이은경 서울 월계중학교	정지운 삼척초등학교	한주경 인천 부원여자중학교
오해선 거제 진목초등학교	이은숙 홍성 덕명초등학교	정하종 아산 용화초등학교	한지화 전주인후초등학교
우경숙 서울구로초등학교	이재숙 의왕 백운초등학교	정혜선 인천 공촌초등학교	함욱 시흥 함현초등학교
유경미 고양 무원초등학교	이재형 서울 영훈초등학교	조동화 서울 광성해맑음학교	홍성대 부산 삼덕초등학교
유다영 구리 구룡초등학교	이종화 남양주 진건초등학교	조미경 대구 운암초등학교	홍정기 남양주 진건초등학교
유소녕 서울아현초등학교	이준미 부산 신덕초등학교	조미숙 서산 부성초등학교	홍현정 대구 불로초등학교
윤민경 대구 강북초등학교	이준엽 남양주 진건초등학교	조민섭 포항 연일초등학교	황기웅 해남서초등학교
윤선웅 시흥 군서초등학교	이진영 서울 공릉초등학교	조은미 통영 진남초등학교	황성숙 화성 반송초등학교
윤영란 대전버드내초등학교	이현주 남양주 진건초등학교	조은희 서울 문성초등학교	황정임 양산 신양초등학교
윤영옥 화천 상승초등학교 노동분교	이형연 영광 백수초등학교	조한결 남양주 진건초등학교	황지연 김포 감정초등학교
윤일호 진안 장승초등학교	이형경 서울숭미초등학교	조한내 광명 광문초등학교	황혜민 김포 신곡초등학교
윤창희 시흥신천초등학교	이효민 남양주 장내초등학교	조형림 수원 곡정초등학교	*2014년 기준 소속 학교 표시
윤혜선 용인초등학교	임미영 천안 불당초등학교	진주형 김해 구봉초등학교	
윤혜자 화성 배양초등학교	임정은 의정부중앙초등학교	진현 수원 황곡초등학교	
이경진 울산 신복초등학교	임행숙 광양 옥룡초등학교	천진승 김해 생림초등학교	